Geschichte
Geschichte

Jo-Jo
Lesebuch 4

Erarbeitet von

Erna Dransfeld
Friedrich Dransfeld
Annett Marchand
Horst Schaub
Gudrun Schulz
Martin Wörner
und der Cornelsen Redaktion Primarstufe

Cornelsen

Jo-Jo
Lesebuch 4

Erarbeitet von

Erna Dransfeld, Friedrich Dransfeld, Annett Marchand,
Horst Schaub, Gudrun Schulz, Martin Wörner
und der Cornelsen Redaktion Primarstufe

unter Beratung von

Martina Bender, Hemsbach; Ulla Böhm, Villingen-Schwenningen; Michaela Böttcher, Stuttgart; Michaele Furgber, Markdorf; Edlind Grobe, Johannesberg; Waltraud Haußmann, Meckenbeuren; Sieglinde Hegelau-Lipp, Ulm; Gabriele Heidenreich, Heiligenberg; Herbert Klein, Trier; Undine Krehan, Halle (Saale); Kerstin Lipp, Weimar; Claudia Maack, Bienenbüttel; Dominic Schwenk, Pforzheim; Hans-Jürgen Singer, Koblenz; Anneliese Stahl, Denzlingen; Karin Voigt, Weimar; Elvira Waldmann, Ludwigsfelde; Katrin Walter, Görlitz; Carmen Weidhase, Gera; Ute Wießner, Dresden

Redaktion: Susanne Dahlbüdding
Illustration: Barbara Korthues
Umschlaggestaltung: tritopp – Ingrid Uhlmann, Uwe Becker
Layoutkonzept: tritopp – Ingrid Uhlmann, Uwe Becker
Layout und Technische Umsetzung: tritopp – Ingrid Uhlmann

Cornelsen online http://www.cornelsen.de

Die Internet-Adressen und -Dateien, die in diesem Lehrwerk angegeben sind, wurden vor Drucklegung geprüft (Stand Juni 2004). Der Verlag übernimmt keine Gewähr für die Aktualität und den Inhalt dieser Adressen und Dateien oder solcher, die mit ihnen verlinkt sind.

1. Auflage Druck 4 3 2 1 Jahr 07 06 05 04

Alle Drucke dieser Auflage sind inhaltlich unverändert und können im Unterricht nebeneinander verwendet werden.

Druck: CS-Druck CornelsenStürtz, Berlin

ISBN 3-464-80712-6

Bestellnummer 807126

Gedruckt auf säurefreiem Papier,
umweltschonend hergestellt aus chlorfrei gebleichten Faserstoffen.

HÄGAR
VERDAMMT! ER TUT'S SCHON WIEDER!
ACH VERGISS ES – ER IST HALT IN DER PUBERTÄT.
IST DAS ALLES WAS DU DAZU ZU SAGEN HAST?
MANN, MACH MIR DOCH KEINE VORWÜRFE IN MEINER FAMILIE HAT NOCH NIE EINER EIN BUCH GELESEN!
WOZU EIGENTLICH BÜCHER?!!
SIE ERZÄHLEN GESCHICHTEN!
SO 'N QUATSCH!
HALLO...?
DIK
© King Features Syndicate, Inc., 1973. World rights reserved.

Inhalt

Herr Fuchs mag Bücher!

Der kleine Herr Fuchs mochte sehr gerne Bücher. Was heißt hier mögen? Tatsächlich mochte der kleine Herr Fuchs Bücher so gerne, dass er, immer wenn er eines zu Ende gelesen hatte, dasselbe mit einer Prise Salz und etwas Pfeffer verspeiste.

Mit dieser Vorliebe stillte er also nicht nur sein Bedürfnis nach Bildung, sondern auch seinen Hunger. Und der war riesengroß.
Drei Mahlzeiten am Tag brauchte der kleine Herr Fuchs mindestens, und Bücher sind ganz schön teuer.

Und je mehr Bücher der kleine Herr Fuchs in sich hineinstopfte, desto größer wurde sein Appetit.

Da sein Magen mittlerweile einfach ständig knurrte, konnte sich der kleine Herr Fuchs auch aufs Lesen nicht mehr konzentrieren. Jede Zeile musste er zweimal lesen, und das war ganz schön anstrengend.
Doch der kleine Herr Fuchs war ein Fuchs und beobachtete schon seit langem ein Haus, in dem unglaublich viele Bücher in Regalen standen. Es waren noch mehr als in seinem Lieblingsdelikatessladen, der „Buchhandlung an der Ecke“.

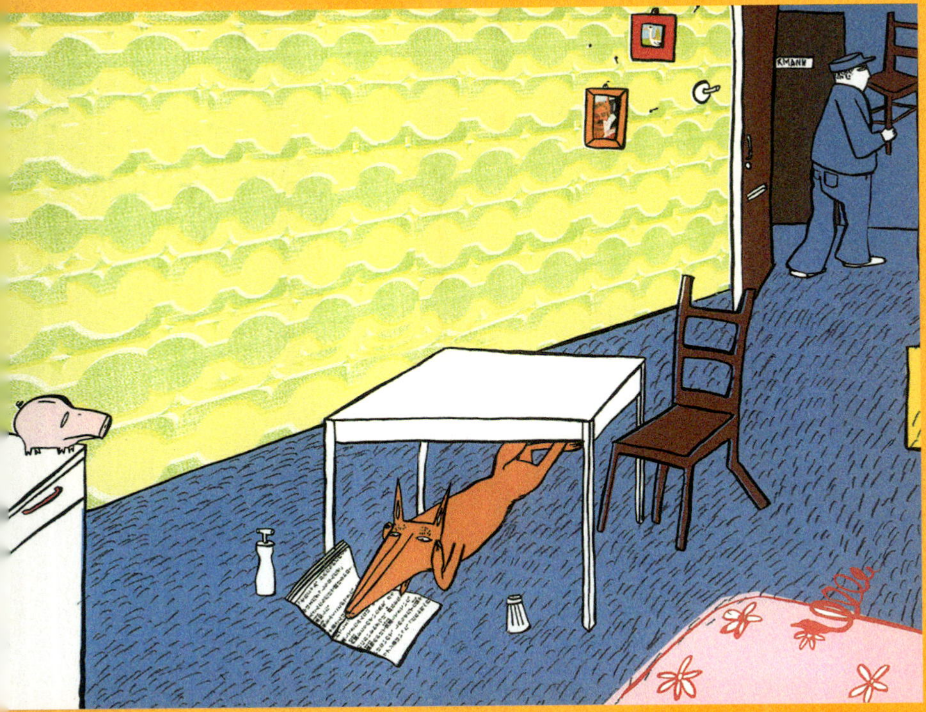

Textwerkstatt
Seite 170, 176

Schon während er sich eben diesem Haus näherte, stieg ihm eine köstliche Papierduftwolke in die Nase.

Er trat ein und befand sich mitten im Schlaraffenland: kilometerweit nichts als Bücher – Regale, gefüllt von oben bis unten. Lecker, lecker!, dachte der kleine Herr Fuchs. Er konnte es kaum fassen, dass man von hier die Bücher umsonst mitnehmen durfte.

Von nun an kam der kleine Herr Fuchs jeden Tag in die Bücherei. Unauffällig begutachtete er seine Leibspeisen und leckte, schnupperte und schleckte an der einen oder anderen Probeseite.
Hatte er etwas nach seinem Geschmack gefunden, verstaute er es in seiner Fuchstasche und schleppte es nach Hause.

Text und Bilder: Franziska Biermann

Von der Macht des Erzählens

Es war einmal eine junge Frau. Sie hieß Leila. Sie war nicht schön und nicht hässlich, aber sie hatte eine begnadete Zunge.

Wie dem auch sei. Leila verlor im jüngsten Alter ihre Eltern und lebte von nun an bei ihren Großeltern in einem Bergdorf im Norden Jemens. Von Kind auf wollte Leila immer wieder Erzählungen hören, und was sie einmal gehört hatte, war in ihrem Herzen verewigt. Nichts in der Welt konnte sie eine Geschichte vergessen lassen. Leila scheute keine Mühe um ein neues Märchen zu hören, auch wenn sie dafür tagelang durch gefährliche Berge und Steppen gehen musste.

Wie dem auch sei, die Jahre vergingen und Leila wurde weit und breit die bekannteste Märchenerzählerin. An Erzählabenden verzauberte sie nicht nur ihre Zuhörer, sondern sie selbst wurde durch die Märchen verzaubert. Sie konnte mit den Sternen, Tieren und Pflanzen reden, so als wäre sie die Zauberfee ihrer eigenen Geschichten. Man erzählte, dass sie durch ihre Worte eine solche Zauberkraft hatte, dass sie eines Tages einem morschen Baumstumpf so lange vom Frühling erzählte, dass der Baumstumpf wieder junge Triebe hervorbrachte.

Textwerkstatt
Seite 170

Leila erzählte aber nicht nur Menschen, Tieren und Pflanzen, sie vertraute ihre Geschichten auch dem Wind und den Wolken an, und einmal, das könnt ihr mir glauben, gab es eine erbarmungslose Dürre. Die Bauern beteten und beteten, nur Leila nicht.

Sie ging auf den höchsten Berg und wartete dort, bis sie eine kleine Wolke sah, die eilig über den Himmel zog. Leila fing an zu erzählen.

Die Wolke hielt an und hörte zu, und alsbald gesellten sich mehrere Wolken zu ihr, sodass der Himmel davon bedeckt war. Je spannender die Geschichte wurde, umso dunkler wurden die Wolken, und als die Geschichte den spannendsten Punkt erreicht hatte, unterbrach Leila ihre Erzählung und rief den Wolken zu: „Wenn ihr die Fortsetzung hören wollt, dann kommt herunter!“ Die Wolken blitzten und kamen als Platzregen eilig herunter nur um Leila näher zu rücken.

Rafik Schami

Die Geschichten liegen doch auf der Straße

Jeden Morgen geht der Geschichtenmacher ein bisschen spazieren. So sieht es aus. In Wirklichkeit geht er Geschichten suchen. Die Leute haben gesagt: Die Geschichten liegen doch auf der Straße. Der Geschichtenmacher möchte sie finden und einsammeln. Er nimmt auch immer eine große Tüte mit. Ach was, sagt der Geschichtenmacher, die Tüte ist für die frischen Brötchen da.

Einmal hat der Geschichtenmacher wahrhaftig ein ganzes Zwei-Euro-Stück gefunden – aber eine ganze Geschichte noch nie.

Einmal haben ihn eine uralte Frau und ein uralter Mann nach dem Weg zum Hochzeits-Büro gefragt. Er hat gesehen, wie vier Feuerwehrleute einen angefrorenen Schwan vom Fluss geholt haben. Er hat einen großen, starken Mann auf einer Bank sitzen und weinen sehen.

Zu Hause jedoch waren jedes Mal nur Brötchen in Geschichtenmachers Tüte. Aber im Kopf hat er überlegt:

Wer hat das Geld verloren?

Was wollten die Uralten auf dem Hochzeits-Büro?

Haben vier Feuerwehrleute nichts Wichtigeres zu tun?

Warum hat der Mann geweint?

Manchmal bekommt er etwas heraus und schreibt es auf. So machen es die Geschichtenmacher schon lange und überall. Deshalb gibt es so viele Geschichten auf der Welt. Und eben – hast du gehört – ist vielleicht eine neue dazugekommen.

Uwe Kant

Textwerkstatt
Seite 174

Beinahegeschichte

Eine Geschichte wollte werden.
Aber es passierte nichts.
Da öffnete sich die Tür und einer kam
jammernd und zeternd herein:
Nein, nein, ich küsse kein Nashorn.
Außerdem geht das gar nicht.

Ist das nun eine Geschichte oder nicht?

Jürgen Spohn

Eine schöne Geschichte

Es war einmal eine schöne Geschichte,
die war außen unsichtbar und innen bunt.
Und in alten Zeiten
ging sie von Mund zu Mund.

Eines Tages geriet sie in Sammlerhände,
das bedeutete beinah ihr Ende:
Sie wurde in schwarze Lettern gefasst,
bekam Seitenzahlen und Nummern verpasst,
wirkte nun eher eckig als rund,
außen schwarz und innen bunt.

Ein Kind las sie.
Und in seiner Fantasie
wurde sie wieder rund –
außen unsichtbar und innen bunt.

Martin Anton

Ein Satz, den man so schreibt, ist kein Gedicht.

*

Ein Satz,
den man so schreibt,
wird ein Gedicht.

*

Ein Satz,
den man
so
schreibt,
ist ein Gedicht –
so ein Gedicht.

Wenzel Wolff

Du wirst gefragt, was dein Gedicht bedeutet.

**Warum fragt man nicht den Apfelbaum,
was seine Frucht – der Apfel – bedeutet?
Wenn der Apfelbaum reden könnte,
würde er antworten:
Beißt hinein und ihr werdet sehen,
was er bedeutet.**

Vasko Popa

Textwerkstatt
Seite 184

Immer höher

DER MANN STEIGT AUF DEN SESSEL
der mann steht auf dem sessel
DER SESSEL STEIGT AUF DEN TISCH
der mann steht auf dem sessel
der sessel steht auf dem tisch
DER TISCH STEIGT AUF DAS HAUS
der mann steht auf dem sessel
der sessel steht auf dem tisch
der tisch steht auf dem haus
DAS HAUS STEIGT AUF DEN BERG
der mann steht auf dem sessel
der sessel steht auf dem tisch
der tisch steht auf dem haus
das haus steht auf dem berg
DER BERG STEIGT AUF DEN MOND
der mann steht auf dem sessel
der sessel steht auf dem tisch
der tisch steht auf dem haus
das haus steht auf dem berg
der berg steht auf dem mond
DER MOND STEIGT AUF DIE NACHT
der mann steht auf dem sessel
der sessel steht auf dem tisch
der tisch steht auf dem haus
das haus steht auf dem berg
der berg steht auf dem mond
der mond steht auf der nacht

Ernst Jandl

Am Schneesee

Es war einmal ein See, der war immer voll Schnee, darum nannten ihn alle Leute nur Schneesee. Um diesen Schneesee wuchs Klee, der Schneeseeklee, der wuchs rot und grün, und darin äste ein Reh, das Schneeseekleereh, und dieses Schneeseekleereh wurde von einer Fee geliebt, die fast so schön war wie Scheherezade*, der überaus anmutigen Schneeseekleerehfee.

Diese Fee hatte, wie alle Feen dieser Gegend, sechsundsechzig Zehen, fünfundsechzig zum Gehen und einen zum Drehen, und dieser sechsundsechzigste Zeh war natürlich der Schneeseekleerehfeedrehzeh.

Zehendrehen macht schrecklich Spaß, doch einmal drehte die Fee im Übermut ihren Zeh zu sehr, und da tat der Drehzeh schrecklich weh.

Zum Glück wohnte am Schneesee eine weise Frau.

Die weise Frau, eine Heckenhexe mit zwei schrecklichen Hackenhaxen, hockte grade vor einer Hucke Kräuter, als die kleine Fee gehumpelt kam.

„Guten Tag, beste Heckenhexe mit den Hackenhaxen!"

„Guten Tag, nette Schneeseekleerehfee mit den sechsundsechzig Zehen! Doch was seh ich: Du humpelst? Was hast du denn?"

Da antwortete die Schneeseekleerehfee:

„Schneeseekleerehfeezehweh!"

„Gehzehweh oder Drehzehweh?"

* Scheherezade ist die schöne Erzählerin der Märchen aus 1001 Nacht.

„Drehzehweh!“

„Dann ist es nicht schlimm: Gehzehweh ist zäh und hält sich, doch Drehzehweh kommt und vergeht jäh – und wodurch vergeht es? Natürlich durch der Heckenhexe herrlichsten Tee, den hellgelben Schneeseekleerehfeedrehzehwehtee!

Und einen solchen hellgelben Schneeseekleerehfeedrehzehwehtee werde ich dir jetzt brauen.“

Die Heckenhexe mit den Hackenhaxen nahm Blätter von sieben mal sieben Bäumen und Blüten aus sieben mal sieben Träumen und brachte sie mit Milch aus sieben Eutern und Wurzeln von sieben Kräutern zum Schäumen, und als der Sud sich abgeklärt hatte, wallte im Kessel der hellgelbe Tee.

Na, wenn der nicht bitter schmeckte!

„Trink das aus, nette Schneeseekleerehfee!“

„Auf einen Zug, beste Heckenhexe?“

„Auf einen Zug, nette Schneeseekleerehfee!“

Da trank die Schneeseekleerehfee auf einen Zug den Schneeseekleerehfeedrehzehwehteekessel aus, und als der Schneeseekleerehfeedrehzehwehteekessel ausgetrunken war, hatte der hellgelbe Schneeseekleerehfeedrehzehwehtee das Schneeseekleerehfeedrehzehweh aus dem Schneeseekleerehfeedrehzeh der Schneeseekleerehfee weggehext, und da stieß die glückliche Fee ein lautes Juchhe aus, das rings durch alle Wälder schallte.

Franz Fühmann

Geschichte von dem Jungen, der keine Geschichte kannte

In einem Dorf lebte ein junger Bursche, den sah niemand gern unter seinem Dach, wenn er abends zu Besuch kam. Ebenso gut hätte man nämlich einen Berg Torf in eine Ecke karren können – der Bursche bekam einfach den Mund nicht auf.

Mochten sich die anderen unterhalten, wie sie wollten, er kannte weder eine Geschichte noch ein Lied. Nicht einmal ein Rätsel fiel ihm ein.

Nun, eines Nachts kam er wieder einmal in einer einsamen Gegend auf der Straße daher, als er nicht allzu weit entfernt ein Licht sah und ein Haus in den Feldern. Er ging auf das Haus zu, klopfte an und es öffnete ihm ein seltsamer, düster dreinblickender Mann, der sprach:

„Willkommen, Paddy Ahern. Komm herein und setz dich ans Feuer."

Paddy begriff nicht recht, woher der Mann seinen Namen kannte, denn alles hier, die Hütte und der Mann, wirkte auf ihn etwas unheimlich.

Sie aßen. Danach zeigte der Mann Paddy seinen Schlafplatz und der junge Bursche streckte seine Beine aus, müde von dem langen Weg, den er an diesem Tag zurückgelegt hatte.

Aber lange währte die Ruhe nicht.

Er war kaum eingeschlafen, als die Tür aufflog und drei Männer hereinkamen, die einen Sarg hinter sich herzogen. Paddy richtete sich auf und sah sich Hilfe suchend nach seinem Gastgeber um, aber der war verschwunden.

„Wer wird uns helfen den Sarg zu tragen?", fragte der eine der drei Männer.

„Wer wohl? Frag nicht so dumm", antworteten die beiden anderen.

„Da kommt doch nur Paddy Ahern in Frage."

Zitternd vor Angst und Schrecken musste der arme Paddy aufstehen und seine Kleider anziehen. Dann zwangen sie ihn dem Mann, der den Sarg am Fußende trug, zu helfen, während die beiden anderen Männer am Kopfende anfassten.

Hinaus ging's über offenes Feld. Es dauerte nicht lange, da war der arme Paddy schmutzig von Kopf bis Fuß, in so viele Gräben war er getreten und durch so viele Hecken war er gezerrt worden. Jedes Mal, wenn er stehen bleiben wollte, beschimpften ihn die Männer und zerrten ihn weiter.

Textwerkstatt
Seite 170, 181

Endlich kamen sie zum Friedhof, einem einsamen, schrecklich aussehenden Gelände, das von einer hohen Mauer umgeben war. „Wer hebt den Sarg über die Mauer?“, fragte der eine Mann. „Wer wohl? Frag nicht so dumm“, antworteten die anderen. „Da kommt doch nur Paddy in Frage.“

Der arme Paddy musste den Sarg über die Mauer heben, obwohl er sich fast dabei Arme und Beine ausrenkte. Er war völlig erschöpft.

Aber die Männer ließen ihn auch nicht einen Augenblick ausruhen.

„Wer schaufelt das Grab?“, fragte der erste Mann.

„Wer wohl? Frag nicht so dumm“, antworteten die anderen.

„Da kommt doch nur Paddy Ahern in Frage.“

Sie gaben ihm einen Spaten und eine Schaufel und dann zwangen sie ihn zu graben. Als die Grube ausgeschachtet war, fragte der erste Mann: „Wer öffnet jetzt den Sarg?“ „Wer wohl? Frag nicht so dumm“, antworteten die anderen. „Da kommt doch nur Paddy Ahern in Frage.“

Paddy meinte, gleich werde er in Ohnmacht fallen vor Angst. Aber was half's? Er musste sich hinknien, die Schrauben herausdrehen und den Sargdeckel abnehmen.

Und wisst ihr was? Der Sarg war leer, obwohl er doch so schwer zu schleppen gewesen war. „Wer legt sich in den Sarg?“, fragte der erste Mann.

„Wer wohl? Frag nicht so dumm“, antworteten die beiden anderen.

„Da kommt doch nur Paddy Ahern in Frage.“

Sie wollten Paddy ergreifen, aber der hatte schon seine Beine in die Hand genommen und war davongerannt. Mit einem Sprung war er über der Mauer und rannte weiter übers offene Feld. Die drei Männer aber blieben ihm auf den Fersen, mit „hussa“ und „holla“, wie bei einer Fuchsjagd.

Dann sah er vor sich ein Licht in einem Fenster. Er schrie, so laut er konnte.

Und was meint ihr wohl, wer ihm da öffnete?

Niemand anders als sein düsterer, unheimlicher Gastgeber vom Abend zuvor. Das war zu viel für den armen Paddy. Ohnmächtig sank er in der Küche zu Boden.
Als er wieder zu sich kam, war um ihn helles Tageslicht. Der unheimliche Mann war schon auf den Beinen und machte sich in der Küche zu schaffen.
„Hast du gut geschlafen?", fragte er Paddy ganz selbstverständlich.
„Wollt Ihr Euch über mich lustig machen", rief der arme Paddy. „Noch nie habe ich eine so furchtbare Nacht erlebt. Ich bin noch jetzt ganz zerschlagen von all der Anstrengung. Ich war die ganze Nacht auf den Beinen! Und nicht eine einzige Minute bleibe ich länger in diesem Haus hier!"
Er stand auf und zog sich seine Kleider an. Aber war es zu glauben? An den Kleidern war keine Spur von dem zu sehen, was er in dieser Nacht erlebt hatte. Es waren alte Arbeitskleider, freilich, aber sie waren sauber und trocken. Er wusste nun noch weniger, was er von alldem halten sollte.
„Jetzt hör mir einmal zu, Paddy Ahern", sprach der düstere Mann.
„Es hat mir immer Leid getan, wenn ich dich so auf der Straße daherkommen sah. Ein junger Bursche, kräftig, gesund ... aber er weiß auch nicht eine Geschichte, kennt auch nicht ein einziges Lied. Jetzt sag mir nur dies: Hast du nach der letzten Nacht eine rechte Abenteuergeschichte, die du abends an den Torffeuern erzählen kannst oder nicht?"

Der arme Paddy gab keine Antwort. Hastig griff er nach seinem Stab und dem Bündel und schon war er zur Tür hinaus. Aber als er dann den kleinen Flusslauf überquert und schon die große Straße unter seinen Füßen hatte, wandte er sich noch einmal um.
Von dem Haus, aus dem er doch gerade erst fortgegangen war, konnte er weder einen Stein noch einen Balken erblicken. Hinter ihm lagen nur offene Felder, auf denen einige Kühe grasten.

Frederik Hetmann

Und wenn sie nicht gestorben sind ...

Fast jedes Kind kennt inzwischen schon Geschichten zum Weiterspinnen. In vielen Kinderzeitschriften oder Lesebüchern stehen solche Geschichtenanfänge, die man dann fertig schreiben soll.
Hier ein etwas anderes Spiel: Ein Kind denkt sich einen Schlusssatz aus und das andere muss die passende Geschichte dazu erfinden. Ich habe den schwierigen Teil übernommen, das Schlüsse-Erfinden. Den leichteren Teil überlasse ich euch. Also los:

... und so verlor der arme, alte Ameisenbär seinen Kopf zum dritten Mal.

... Und bis heute weiß niemand, warum der Bär damals seine Socke nicht dabeigehabt hatte.

... „Aber wenn er mir doch so Leid tut!“, schniefte es, aber das nützte dem sechsten Geißlein gar nichts.

... Und wenn sie nicht gestorben sind, dann leben sie noch h... nein, aus irgendeinem Grund eignet sich dieser Schluss für dieses Spiel nicht. Vielleicht, weil er schon zu bekannt ist.

... Und da musste er Schluss machen, denn was hätte sein Stiefvater gesagt, wenn er noch klüger geworden wäre!

... Und da legte das Huhn dasselbe Ei noch ein zweites Mal.

... Aber niemand wollte ihm glauben, obwohl er den Stoßzahn, die Fernsehantenne und die tiefgekühlte Erdbeertorte als Beweis auf den Tisch legte.

... „Na, seht ihr, ich bin der Dümmste“, rief er triumphierend – und damit hatte er endgültig alles vermasselt.

... Und deshalb gibt es elektrische Eierkocher.

Martin Auer

Textwerkstatt
Seite 174

Wie wir leben

Sag mir, wie ist Afrika

Papa Dembo ist mein Großvater,
Geschichten erzählt er besser als jeder andere.

Sag mir, Papa Dembo, sag mir, welche Farbe hat Afrika?

Afrika, kleiner Chaka? Afrika ist schwarz wie meine Haut,
rot wie die Erde, weiß wie das Licht am Mittag,
blau wie der Schatten am Abend,
gelb wie der große Fluss, grün wie die Fächer der Palme.

Afrika, kleiner Chaka, hat alle Farben, die das Leben kennt.

Textwerkstatt
Seite 176, 177

Erzähle, Papa Dembo,
erzähl mir vom Beginn der Regenzeit.

Der Beginn der Regenzeit, kleiner Chaka!
Um zu begreifen, wie es ist,
wenn die Regenzeit beginnt,
musst du die Monate ohne Regen erlebt haben,
ohne einen einzigen Tropfen Regen, wenn die Hitze
so stark ist, dass der Erdboden in Wellen flimmert.
Stell dir vor, kleiner Chaka, alle Wasserstellen trocken,
die Erde rissig wie Elefantenhaut,
die Gräser trocken wie Heu
und das Wasser so kostbar wie Gold.
Und dann, eines Tages, wird die Luft schwer,
reglos und schwer. Nicht zum Atmen.
Und der Himmel verdunkelt sich mehr und mehr,
wie die Nacht bei Tag, wie das Ende der Welt.
Ein großer Tropfen zerplatzt auf dem Boden, patsch!
Und noch einer, patsch!
Und noch ein anderer, tausend andere.

Es regnet, kleiner Chaka, es regnet!
Und in der Wildnis dampft der Erdboden vor Freude.

Text: Marie Sellier
Übersetzung: Otto Honke
Bilder: Marion Lesage

Afrika hinter dem Zaun

Wir wohnten in einem Haus. Die Tür war links, und rechts war ein Fenster. Die Nachbarn hatten das gleiche Haus wie wir. Und ihre Nachbarn auch und ihre Nachbarn auch und ihre Nachbarn auch. Und das noch drei Mal. Neben uns wohnte ein Mann, der Französisch sprach. Das hatte er so gelernt, als er klein war und in Frankreich lebte. Wir sprachen kein Französisch, aber das war nicht schlimm. Der Mann war nie lange daheim. Er war dauernd auf Geschäftsreisen. Zum Reden hatte er nie Zeit. Er war immer irgendwohin unterwegs. In Länder, wo die Leute verstanden, was er sagte. Der Mann, der Französisch sprach, hatte eine Frau, die auch etwas sprach. Was sie sprach, wussten wir nicht. Irgendwas. Die Frau war schön braun und hieß Désirée. Das ist ein französischer Name, sagte meine Mutter. Aber Désirée kam nicht aus Frankreich. Sie kam aus Kamerun in Afrika.

Hinter unserem Haus befand sich ein Garten. Erst kam eine Terrasse, drei große Platten breit. In der Mitte war ein Treppchen. Das musste man hinuntergehen, wenn man über den Rasen zu dem kleinen Schuppen wollte. Hinter dem Schuppen war ein Gemüsegarten, sechs Blumenkohlpflanzen breit. Unsere Nachbarn hatten den gleichen Garten wie wir. Und ihre Nachbarn auch, und das noch fünf Mal. Aber sie pflanzten nicht alle Blumenkohl. Die Frau, die irgendwas sprach, pflanzte Gras. Überall stand Gras, langes Gras mit Rispen, und hohe Halme mit weißen Blüten. Der Mann, der Französisch sprach, mähte es nie mit dem Rasenmäher. Dafür hatte er keine Zeit. Und Désirée tat es auch nicht. Ich glaube, sie pflanzte das Gras, um es zu betrachten.

Textwerkstatt
Seite 170

Wenn die Sonne schien, stellte sie Stühle hinaus. Sie setzte sich mit ihren vier Kindern mitten ins Gras. Manchmal saß sie auch dort, wenn es ein bisschen regnete. Dann betrachtete sie das Gras und den Himmel. Als warte sie auf sehr viel Regen.

Und dann bekamen wir sehr viel Regen. Es goss wie aus Kübeln. Der ganze Garten war tropfnass. Und der Garten der Nachbarn auch, und das noch sechs Mal. Wir waren froh, dass wir im Haus waren. Aber die Frau, die irgendwas sprach, kümmerte sich nicht um den Regen. Sie ging in einem gelben Regenmantel hinaus und lief zum Schuppen. In der einen Hand trug sie eine Eisenstange, in der anderen einen Hammer. Sie schob die Stange zwischen die Bretter und schlug mit dem Hammer darauf. Sie sang bei der Arbeit. Das hörte sich im Regen seltsam an.

Ich schaute ihr vom Fenster aus zu. Nach dem Essen hörte es auf zu regnen. Ich ging hinaus und schaute über den Zaun. Da konnte ich Désirée besser sehen. Von ihrem Schuppen stand nur noch das Dach. Ein Dach auf vier Pfählen. Désirée lachte mir zu. Sie sah sehr zufrieden aus. Sie lachte auch dem Gras und dem Himmel zu.

Am nächsten Tag regnete es nicht mehr. Unser Garten war wieder trocken und die Gärten der Nachbarn auch. Alle kamen nach draußen. Alle waren wütend. Sie deuteten zum Garten von Désirée und sagten, dass das nicht sein dürfe. Einfach aus einer Reihe von acht Schuppen einen wegnehmen, dafür müsse man bestraft werden. Ich glaube, alle waren neidisch. Désirées Garten war schön groß geworden.

Désirée kam heraus. Hinter sich her schleifte sie eine Schaufel. Ich lachte ihr über den Zaun hinweg zu. Sie lachte zurück und begann zu graben. Als es Abend wurde, schleppte Désirée Säcke aus ihrem Haus. Auf jedem Sack war ein Gärtner gemalt und in den Säcken war Lehm.

Am nächsten Tag war der Himmel voller Wolken. Meine Mutter ging zum Markt. Das tat sie freitags immer.
All unsere Nachbarn taten das, alle außer Désirée. Die ging zu einem Markt, den wir nicht kannten. Und nur dann, wenn es ihr passte.
Ich begleitete meine Mutter. Sie hatte es eilig. Sie wollte vor dem Regen wieder zu Hause sein. Aber wir schafften es nicht. Wir waren durch und durch nass, als wir in unsere Straße einbogen. Ohne anzuhalten rannten wir in die Küche. Meine Mutter stellte sofort Teewasser auf.
Sie wollte den Tee sehr heiß trinken.

Dann dachten wir, dass wir den Kessel pfeifen hörten. Aber es war nicht der Kessel. Es war Désirée. Draußen, im Regen. Sie kniete auf dem nassen Boden. Um ihre Grube herum hatte sie eine runde Mauer gebaut. Sie sang und pfiff. Das wird kein Gemüsegarten, sagte meine Mutter. Bring ihr doch mal eine Tasse Tee. Sonst erkältet sie sich noch.

Désirée baute ein Haus in ihrem Garten. Es sah aus wie eine Hütte zum Spielen. Eine Hütte aus Lehm. Sie arbeitete tagelang daran. Egal, ob es regnete oder nicht. Und ich schaute ihr tagelang zu. Egal, ob es regnete oder nicht. Nach einer Woche lag eine Hartfaserplatte als Dach darauf. Da sagte Désirée, ich solle über den Zaun klettern. Sie sagte es so, wie ich es gesagt hätte.

Désirée hatte Tee für mich gekocht. Sie sagte: Willkommen. Der Regen trommelte auf das Dach. Das klang gemütlich. Aus Versehen stach ich mit dem Finger in die Wand. Ich erschrak über das Loch, das ich gemacht hatte. Ihr Haus ist noch nicht trocken, sagte ich. Nein, sagte Désirée. Aber warte einen Sommer, dann bekommt es keine Planierraupe mehr kaputt. Meine Großmutter in Kamerun hat genau so eine Lehmhütte wie diese. Sie wohnt schon ihr ganzes Leben darin. Werden Sie nun hier wohnen, fragte ich. Désirée lachte. Nicht wirklich wohnen, sagte sie. Aber ich will ab und zu hier sitzen. Wenn ich das andere Haus satt habe. Wenn ich mein Land vermisse. Denn manchmal habe ich Heimweh nach meinem Land. Ich werde dir mal Fotos zeigen. Gut, sagte ich und trank von ihrem Tee. Fotos zeigen. Das bedeutete, dass sie mich wiedersehen wollte. Da sagte ich, dass ich sehr gut Löwen nachmachen konnte.

Bart Moeyaert • Anna Höglund

Was alles braucht's zum Paradies

Ein Warten ein Garten
eine Mauer darum
ein Tor mit viel Schloss und Riegel
ein Schwert eine Schneide aus Morgenlicht
ein Rauschen aus Blättern und Bächen
ein Flöten ein Harfen ein Zirpen
ein Schnauben (von lieblicher Art)
Arzneien aus Balsam und Düften
viel Immergrün und Nimmerschwarz
kein Plagen Klagen Hoffen
kein Ja kein Nein kein Widerspruch
ein Freudenlaut
ein allerlei Wiegen und Wogen
das Spielzeug eine Acht aus Gold
ein Heute und kein Morgen
der Zeitvertreib das Wunder
das Testament aus warmem Schnee
wer kommt wer ginge wieder
Wir werden es erfragen.

Elisabeth Borchers

Ich geh durch das Dorf

Ich geh durch das Dorf.
Jeder Ort
ist Mitte der Welt.
Da, dort.

Hier.
Behutsam wandert
ein Kätzlein,
bleibt stehn,
schaut mich an,
legt sich auf die Seite,
zeigt mir,
wo es gekrault sein will.

Du. Du.
Du kleinwinzige
Mitte
der Welt.

Josef Guggenmos

Textwerkstatt
Seite 182

Komm, schau doch mal über den Gartenzaun

Text: Andrea Wagner
Melodie: Erich Ferstl

2. Andre Haut und andere Haare, anderes Haus und anderes Kleid,
Hundeschlitten, Dromedare, anderer Spaß und anderes Leid.
Andre Kinder sehen anders aus, und viele sind nicht hier zu Haus.

kind (niederländisch)

barn (dänisch)

dijete (ungarisch)

child (englisch)

ребёнок (russisch)

dziecko (polnisch)

παιδί, το (griechisch)

bambino (italienisch)

dítì (tschechisch)

enfant (französisch)

niño spanisch

çoçuk türkisch

Wir sind Kinder einer Welt

Schwarz-weiß-braun

Als ich zwei war, war ich in Afrika.
Als ich in Afrika war, haben die Leute zu mir gesagt:
„Ist die süß! So klein und so weiß!“
Kurze Zeit später war ich wieder in Deutschland.
Die Leute guckten mich an und fragten: „Bist du Ausländerin?“
Komisch. In Afrika bin ich weiß. In Deutschland bin ich schwarz.
Und in Wirklichkeit bin ich braun.

Elisabeth Sabah

Die blaue Amsel

Amseln sind schwarz. Normalerweise.
Eines Tages aber saß auf einer Fernsehantenne eine blaue Amsel.
Sie kam von weit her, aus einer Gegend, in der die Amseln blau waren.
Ein schwarzer Amselmann verliebte sich in sie und bat sie seine Frau zu werden. Zusammen bauten sie ein Nest und die blaue Amsel begann ihre Eier auszubrüten, während ihr der Amselmann abwechselnd zu fressen brachte oder für sie die schönsten Lieder sang.
Einmal, als der Mann auf Würmersuche war, kamen ein paar andere Amseln, vertrieben die blaue Amsel aus dem Nest und warfen ihre Eier auf den Boden, dass sie zerplatzten.
„Wieso habt ihr das getan?“, fragte der Amselmann verzweifelt, als er zurückkam. „Weil wir Amseln schwarz sind“, sagten die andern nur, blickten zur blauen Amsel und wetzten ihre gelben Schnäbel.

Franz Hohler

Textwerkstatt
Seite 177

Zhang, 11,
aus Pu Cheng,
Provinz Shaanxi
in China

Artemis, 11,
aus Nicosia in
Zypern
(Artemis lebt im südlichen Teil Zyperns, wo griechisch gesprochen wird.)

Was machst du am liebsten?
Mit den Klassenkameraden spielen. — *Singen.*

Welches Geräusch hat dich diese Woche am meisten gestört?
Als meine Mitschüler angeschrien wurden. — *Das Schnarchen meines Vaters!*

Wovon hast du diese Woche geträumt?
Dass ich elektrische Orgel spielen kann. — *In einem großen Haus zu wohnen.*

Wenn du einen Wunsch frei hättest, welcher wäre das?
Ich möchte Polizist werden. — *Ich hätte gerne einen kleinen Bruder oder eine kleine Schwester.*

Was stört dich am meisten?
Abfall. — *Krieg.*

Was würdest du an der Welt ändern?
Es sollte keine Analphabeten geben. — *Es sollte überall Frieden herrschen.*

Wenn du ein Tier sein könntest, welches wäre das?
Ich wäre gerne ein Tiger, der lässt sich nicht einschüchtern. — *Ein Delfin, die sind sehr schlau, lieben andere Tiere und die Menschen.*

Wenn du genug Geld hättest, was würdest du dir als Erstes kaufen?
Schulsachen. — *Ein Fahrrad und ein Haus.*

Was würdest du gerne im Handumdrehen lernen?
Singen. — *Spanisch.*

Was isst du am liebsten?
Reissuppe. — *Chinesisch.*

Bea Schnippenkoetter

Textwerkstatt
Seite 174

Leben vom Müll

Rosa, Mary, José und Ronaldo

Am Stadtrand von Manila, auf den Philippinen, qualmt und stinkt die Müllkippe immerzu. Rosa, Mary, José, Ronaldo sowie ganze Heerscharen von Kindern wühlen hier tagtäglich von morgens bis abends auf den Müllhalden nach verwertbarem Abfall und nach Essensresten. Sie arbeiten und leben auf dem Müllberg.

Jeder von ihnen versucht flink etwas in seinen Korb zu bekommen. Papier, Pappe, Bleche, Flaschen, Plastikkanister, Drähte, Dosen und nicht zuletzt Essensreste sind „wertvolle Funde", die etwas Geld bringen.

Alles, was die Kinder hier sammeln, kann wiederverwertet werden oder wird an bestimmten Sammelstellen verkauft.

Aus Autoreifen entstehen Sandalen, aus Blechdosen Öllampen für das Haus, Kehrbleche und Reiben für den Haushalt.

Unermüdlich kratzen und scharren die Kinder mit ihrem Eisenhaken in den Abfallbergen herum. Mit den bloßen Händen ist das Wühlen eine Qual.

Der beißende Qualm schmerzt.

Die Augen tränen. Und die Lunge kann man sich beinahe aus dem Leib husten.

Es juckt und kratzt am ganzen Körper.

Viele der Mädchen und Jungen leiden an Hautausschlägen.

Aber Geld für eine Heilsalbe haben sie nicht. Was sie hier im Müll der Reichen zusammenkratzen und an die Händler verkaufen, bringt ihnen einen Verdienst, der gerade für das Lebensnotwendige reicht, wenn überhaupt.

Manchmal zieht man sogar „das große Glück“ aus dem Müll, eine Hose, einen Rock, ein T-Shirt oder einen großen Plastiksack.
Aus diesem Fund hat die Mutter für Paulo eine prima Hängematte gemacht.

Ramón und Silverio

Nicht nur in Manila qualmt die Kippe, auch am Stadtrand von Guatemala in Zentralamerika.
Ramón und Silverio arbeiten hier auf der Sammelstelle der Müllkippe.
Sie zählen, wiegen, packen und stapeln die zusammengedrückten Kartons und Pappen, die von den Müllsammlern hierher gebracht werden. Viele Kinder auf der Kippe beneiden sie um ihren „Job“.

Midinho, Bamba und Sangenia

Ein buntes Bild. Doch der Schein trügt. Hier ist kein belebtes Marktzentrum zu sehen, sondern ein Verkaufsstand am Rand der Müllhalde.
Midinho, Bamba und Sangenia leben im Elendsviertel am Stadtrand von Maputo, der Hauptstadt von Mosambik, einem Land in Afrika.

Auch sie suchen auf dem Müll nach verwertbarem Abfall.
Sie haben sich auf Dosen spezialisiert.
Zusammen mit anderen Kindern verkaufen sie einmal in der Woche ihre Ware. Viel Geld bringt das nicht. Aber es reicht gerade zum Kauf von Hirse.
Schließlich wollen doch zu Hause alle satt werden.

Kindermissionswerk „Die Sternsinger“, Aachen

Textwerkstatt
Seite 177

Die Rechte des Kindes

1 Das Recht auf Gleichheit, unabhängig von Rasse, Religion, Herkommen und Geschlecht

2 Das Recht auf eine gesunde geistige und körperliche Entwicklung

3 Das Recht auf einen Namen und eine Staatsangehörigkeit

4 Das Recht auf ausreichende Ernährung, auf Wohnung und ärztliche Betreuung

5 Das Recht behinderter Kinder auf eine besondere Betreuung

6 Das Recht auf Liebe, Verständnis und Fürsorge

7 Das Recht auf kostenlosen Unterricht, auf Spiel und Erholung

8 Das Recht auf sofortige Hilfe bei Katastrophen und Notlagen

9 Das Recht auf Schutz vor Grausamkeit, Vernachlässigung und Ausnutzung

10 Das Recht auf Schutz vor Verfolgung und auf eine Erziehung im Geiste weltumfassender Schwester- und Brüderlichkeit

Die Erklärung der zehn Rechte der Kinder wurde 1959 von der UNO verfasst.

UNO ist die Abkürzung für die englischen Worte „United Nations Organization". Die deutsche Übersetzung heißt „Organisation der Vereinten Nationen". In der UNO haben sich die meisten Länder der Erde zusammengeschlossen, um gemeinsam Themen zu besprechen, die alle angehen.
Der Hauptsitz der UNO ist die Stadt New York in Nordamerika. Die Länder der UNO haben im Jahr 1989 die Rechte der Kinder in einem Vertrag beschlossen, der heute 54 Punkte umfasst. Seitdem haben weit über hundert Länder der Erde diesen Vertrag unterschrieben und sich damit verpflichtet, die Rechte der Kinder in den Gesetzen ihres Landes zu berücksichtigen.

Textwerkstatt
Seite 178

Ihr habt Rechte!

Der Weltkindertag

Wusstet ihr, dass es einen Kindertag gibt? Die Vereinten Nationen, also die Gemeinschaft der Staaten der Welt, haben 1954 vorgeschlagen, den Weltkindertag einzuführen. Jedes Land durfte sich das Datum selbst aussuchen. So kommt es, dass es weltweit viele Kindertage gibt.
Und weil es damals noch zwei deutsche Staaten gab, die Bundesrepublik und die DDR, gibt es bis heute in Deutschland auch zwei Kindertage. Offiziell ist der deutsche Weltkindertag am 20. September. Im Osten des Landes – und auch im Osten Berlins – wird er aber am 1. Juni gefeiert, denn dieses Datum hatte sich die DDR ausgesucht.
Wie der Tag genau gefeiert wird, kann jeder Staat selbst entscheiden. Die Grundidee ist aber überall gleich: An diesem Tag geht es um die Probleme und die Rechte der Kinder. Es ist also nicht nur ein fröhlicher Tag. Selbst in Deutschland leben noch immer eine Million Kinder in Armut. Weltweit sind Millionen Kinder von Hunger bedroht. Und Millionen Kinder leben in Ländern, in denen Krieg herrscht.
Der Weltkindertag ist aber auch nicht nur ein trauriger Tag, denn schließlich erinnert er daran, dass jedes Kind Rechte hat. Die Vereinten Nationen haben 1989 diese Rechte in einer Erklärung aufgeschrieben: Kinder haben Anspruch auf einen besonderen Schutz, auf Bildung und eine angemessene Versorgung. Allen Kindern der Welt sollte es gut gehen – das war und ist das große Ziel. Damit das Wirklichkeit wird, muss sich natürlich noch viel ändern.
Wichtig ist es aber, dass ihr über eure Rechte Bescheid wisst. Bei allen politischen Entscheidungen sollten eure Interessen berücksichtigt werden. Dazu haben sich die Staaten der Welt verpflichtet. Das ist doch schon ein Grund zum Feiern, oder?

Claudia von Salzen

Golden tropft Blatt um Blatt

September

Der Garten trauert,
Kühl sinkt in die Blumen der Regen.
Der Sommer schauert
Still seinem Ende entgegen.

Golden tropft Blatt um Blatt
Nieder vom hohen Akazienbaum.
Sommer lächelt erstaunt und matt
In den sterbenden Gartentraum.

Lange noch bei den Rosen
Bleibt er stehn, sehnt sich nach Ruh.
Langsam tut er die großen,
Müdgewordenen Augen zu.

Hermann Hesse

Das Blatt

„Nun bin ich zu nichts mehr nütze!“, klagte ein Blatt,
als es im Herbst zur Erde fiel. – Aber ein Käferchen,
das darunter seinen Winterschlaf hielt,
dachte beim Einschlummern:
„Ein schöneres Dach könnte ich mir nicht wünschen!“

Rudolf Kirsten

Textwerkstatt
Seite 182, 184

Bilder: Józef Wilkon

Der große Vogelzug der Kraniche

Seit einiger Zeit werden die Tage im hohen Norden von Europa kürzer. Über dem schwedischen Torfmoor braucht der Morgennebel immer länger, um sich aufzulösen, und die Luft wird kühler. Schon kündigen die ersten Graupelschauer den Beginn des Herbstes an.

Unter den Kranichfamilien ist eine gewisse Unruhe ausgebrochen. Ihre Jungvögel sind ausgewachsen und die Eltern haben ihre langen Flügelfedern durch die Mauser erneuert. Jetzt sind die Kraniche bereit für die große Reise von mehreren Monaten, die sie Tausende von Kilometern von ihrer Brutheimat in Schweden zu ihren Winterquartieren im wärmeren Süden Spaniens und Afrikas führt. Schreie wie Trompetenstöße hallen über die Sumpflandschaft, wo sich die Kraniche zum Abflug seit Tagen gesammelt haben. Bei ihrem Flug bewegen sie sich wunderbar stromlinienförmig vorwärts, um der Luft möglichst wenig Widerstand zu bieten und so Energie zu sparen. Diesem Zweck dienen auch die keilförmigen Flugformationen, die manchmal mehrere hundert Vögel vereinen.

Ab Oktober oder November überfliegen Zehntausende von Kranichen Deutschland in Richtung Frankreich. Nach mehreren Flugstunden suchen sie ihre bevorzugten Rastplätze auf. Sie geben dabei ihre strenge Flugformation auf und kreisen über dem Rastgebiet, bevor sie geschickt zu Boden gleiten. Wenn sie genug Energie aufgetankt haben, geht die Reise weiter. Bei ihren Tag- und Nachtflügen orientieren sie sich am Stand der Sonne, an den Sternen, an Seen und anderen Merkmalen der Landschaft. Eine Hürde vor allem für die Jungvögel ist die Überquerung der Pyrenäen, die oft in Wolken gehüllt sind.

Textwerkstatt
Seite 171, 184

Haben die Kraniche ihr Winterquartier erreicht, dann können sie sich mehrere Monate lang auf dem Weideland unter schattigen Eichen und Olivenbäumen ernähren. Heruntergefallene Eicheln und Oliven, aber auch Insekten, Schnecken, Würmer und Larven gehören zu ihren Mahlzeiten. Dann, zwischen Februar und April, versammeln sie sich zur Heimreise in Richtung Nordost, wie sie es schon seit Jahrtausenden tun. Unter ihren Flügeln gleiten die Landschaften dahin, bis sie schließlich die großen schwedischen Torfmoore erreicht haben, wo eben die letzten Schneereste schmelzen und der Frühling beginnt.

Guilhem Lesaffre

Wer hat den Schwalben

Wer hat den Schwalben
Mut gemacht,
fortzufliegen?
War es der Sturm
der vergangenen Nacht
oder hat ihnen
die Sonne vom Himmel
zugelacht?

Wer hat ihnen
einen zweiten
Sommer versprochen?
War es ein Traum?
Oder nur ein Blatt
vom Lindenbaum,
das vom Winde bewegt
lautlos zu Boden schwebt?

Max Bolliger

Textwerkstatt
Seite 184

Der große Kapokbaum

Zwei Männer kamen in den Regenwald. Eben noch hatten die schreienden Vögel und die kreischenden Affen den Wald mit Leben erfüllt. Jetzt war alles still. Warum waren sie gekommen? Der ältere Mann hielt an und zeigte auf den großen Kapokbaum.
Dann ging er.
Der jüngere Mann nahm die Axt, die er bei sich trug, und schlug damit in den Stamm des Baumes. Die Einschläge hallten durch den Wald. Das Holz des Baumes war sehr hart.
Whack! Whack!
Whack!
Der Mann wischte sich den Schweiß ab, der ihm von Gesicht und Hals herunterrann.

Schon bald wurde er müde. Er setzte sich, um am Fuß des großen Kapokbaumes auszuruhen. Ehe er es merkte, überkam ihn in der Hitze und dem beständigen Summen des Waldes ein tiefer Schlaf.

Im Kapokbaum lebte eine Boa Constrictor. Sie sah die Kerbe, die der Mann in den Baum geschlagen hatte. Ganz nah kroch die Schlange zu dem Mann hin und zischte in sein Ohr:

Textwerkstatt
Seite 176, 180

„Senhor*, dieser Baum ist ein Baum voller Wunder. Er ist mein Zuhause und alle meine Vorfahren haben hier gelebt. Fälle ihn nicht.“

Eine Biene summte in das Ohr des Mannes: „Im Kapokbaum ist mein Bienenstock. Ich fliege von Baum zu Baum und von Blüte zu Blüte und sammle Pollen. Dabei bestäube ich die Bäume und Blumen im ganzen Regenwald. Versteh doch: Wir Lebewesen hängen voneinander ab."

Eine Horde Affen schlängelte sich von der Krone des Baumes. Sie schnatterten: „Senhor, wir wissen, wie ihr Menschen es macht. Ihr fällt einen Baum und dann kommt ihr zurück, fällt den nächsten und dann wieder einen. Die Wurzeln dieser großen Bäume verdorren und sterben. Nichts wird übrig bleiben, um die Erde festzuhalten. Wenn dann die großen Regen kommen, wird der Boden weggewaschen, und wo Wald war, wird Wüste sein.“ Ein Tukan, ein Ara und ein Felsenhahn flogen von der Krone des Baumes herab. „Senhor“, kreischte der Tukan, „du darfst diesen Baum nicht abschlagen.

Wir sind über den Regenwald geflogen und haben gesehen, was passiert, wenn die Menschen anfangen die Bäume zu fällen. Dann lassen sie sich nieder. Sie brennen das Buschwerk ab, um zwischen den abgehackten Bäumen für eine kurze Zeit Ackerland zu gewinnen, und bald ist der Wald verschwunden. Wo Leben und Schönheit war, bleiben nur verkohlte Baumstümpfe zurück.“

** Senhor (sprich: Senjor): Bezeichnung für Herr. Weil diese Geschichte in Amazonien spielt, wurde die brasilianische Schreibweise beibehalten.*

Ein leuchtender kleiner Baumfrosch kroch an den Rand eines Blattes.
Von dort quakte er in das Ohr des Mannes:
„Senhor, wenn ihr den Regenwald zerstört, zerstört ihr das Leben von vielen Lebewesen. Du wirst uns unser Zuhause nehmen, wenn du diesen großen Kapokbaum fällst."
Ein Jaguar hatte auf einem Ast in der Mitte des Baumes geschlafen. Er war nicht zu sehen gewesen, weil sein schimmerndes Fell sich aufgelöst zu haben schien in den von der Sonne hingetupften Lichtflecken und Schatten der Blätter.
Langsam glitt er herunter und beugte sich über den schlafenden Mann.
Er raunte in sein Ohr:
„Senhor, in dem Kapokbaum leben viele Tiere. Wenn du ihn abschlägst, was soll ich dann essen?"

Vier Baumstachler kamen, sich von Ast zu Ast schwingend, den Baum herunter und flüsterten dem Mann zu. „Senhor, weißt du, was wir Tiere und auch ihr Menschen zum Leben brauchen? Und, Senhor, weißt du, was die Bäume herstellen? Sauerstoff. Sauerstoff brauchen wir alle zum Atmen. Wenn ihr die Wälder abholzt, werdet ihr das zerstören, was uns allen Leben gibt."
Mehrere Ameisenbären kamen mit ihren Jungen auf dem Rücken den Kapokbaum herabgeklettert. Einer von ihnen, ein ungestreifter, sagte zu dem schlafenden Mann:
„Senhor, du schlägst diesen Baum ab, ohne an die Zukunft zu denken. Weißt du denn nicht: Was morgen geschehen wird, hängt davon ab, was du heute tust. Der andere Mann befiehlt dir, einen wunderschönen Baum abzuschlagen. Dabei denkt er nicht an seine eigenen Kinder, die morgen in einer Welt ohne Bäume leben müssen."
Als die zwei Männer aufgetaucht waren, hatte ein dreizehiges Faultier begonnen von der Baumkrone herabzuklettern.
Erst jetzt erreichte es den Boden.
Es kroch langsam an den schlafenden Mann heran und sprach mit seiner tiefen und trägen Stimme:
„Senhor, wie viel ist Schönheit wert? Kannst du ohne Schönheit leben? Wenn du die Schönheit des Regenwaldes zerstörst, woran sollen sich dann deine Augen erfreuen?"

Ein Kind aus dem Stamm der Yanomami-Indianer, die im Regenwald leben, beugte sich über den schlafenden Mann.
Es sagte leise: „Senhor, wenn du jetzt aufwachst, bitte, sieh uns alle mit anderen Augen."
Der Mann wachte plötzlich auf.
Vor ihm stand das Kind aus dem Regenwald.
Die Tiere, deren Leben von dem großen Kapokbaum abhing, standen um ihn herum und blickten ihn an. Was für wunderbare und seltene Tiere es waren!
Der Mann sah nach oben: Sonnenlicht durchflutete die Baumkronen.
Helle Lichtflecke glitzerten wie Juwelen in dem dunkelgrünen Wald.
Seltsam schöne Pflanzen schienen in der Luft zu hängen, losgelöst vom großen Kapokbaum.

Der Mann roch den wohlriechenden Duft ihrer Blüten. Er fühlte auf seiner Haut die dampfende Feuchtigkeit, die vom Waldboden aufstieg.
Aber er hörte kein Geräusch – denn die Tiere waren seltsam still.
Der Mann stand auf und griff nach seiner Axt.
Er schwang seine Arme zurück, als wollte er auf den Baum einschlagen.

Plötzlich hielt er inne.
Er drehte sich um und sah die Tiere und das Kind an.
Er zögerte. Er ließ die Axt sinken und ging aus dem Regenwald hinaus.

Text und Bilder: Lynne Cherry

Der tropische Regenwald ist dir nah

Zu beiden Seiten des Äquators liegen die tropischen Urwälder. Wie ein immergrünes Band zieht sich der Regenwaldgürtel um die Erde. Fast das ganze Jahr über steht die Sonne um die Mittagszeit senkrecht über den Regenwaldgebieten Südamerikas, Afrikas und Asiens, und es gibt keinen spürbaren Wechsel von Jahreszeiten wie bei uns. Fast täglich gehen starke Regengüsse nieder und die Luft ist so heiß und feucht wie in einem Treibhaus, sodass dir das Atmen schwer fallen würde. Nirgendwo auf der Welt ist der Pflanzenwuchs so üppig und farbenprächtig. Nirgendwo ist die Vielfalt der Tierarten so groß und bunt wie im Regenwald. Auch wenn der tropische Regenwald weit weg zu sein scheint, ist er dir nah.

Alle grünen Pflanzen sorgen dafür, dass wir Luft zum Atmen haben. Weil die Regenwaldpflanzen das ganze Jahr über ihre Blätter behalten, erzeugen sie immerzu frischen Sauerstoff.

Die Winde wehen die Urwaldluft rund um die Erde, auch bis zu uns.

Besonders im Winter, wenn bei uns die Bäume ihre Blätter abgeworfen haben, brauchen wir diese Luft dringend.

Was aber passiert, wenn der tropische Regenwald weiter abgeholzt wird?

Textwerkstatt
Seite 171

Freudengesang des Tasoai-Tallee

Ich bin eine Feder am hellen Himmel.
Ich bin das blaue Pferd, das über die Ebene jagt.
Ich bin der Fisch, der glänzt und sich im Wasser tummelt.
Ich bin der Schatten, der einem Kinde folgt.
Ich bin das Abendlicht – die Wonne der Wiesen.
Ich bin ein Adler, der mit dem Winde spielt.
Ich bin eine Traube aus strahlenden Tropfen.
Ich bin der fernste Stern.
Ich bin die Kühle des Morgens.
Ich bin das Tosen des Regens.
Ich bin das Glitzern auf dem verharschten Schnee.
Ich bin die lange Spur des Mondes auf dem See.
Ich bin eine Flamme aus vier Farben.
Ich bin das Reh, dessen Bild sich im Dämmerlicht des Abends verliert.
Ich bin der Winkel im Flug der Wildgänse am winterlichen Himmel.
Ich bin der Hunger des jungen Wolfes.
Ich bin der umfassende Traum dieser Dinge.

Verstehst du – ich lebe, ich lebe.
Ich stehe in guter Beziehung zur Erde.
Ich stehe in guter Beziehung zu den Göttern.
Ich stehe in guter Beziehung zu allem, was schön ist.
Verstehst du – ich lebe.

ICH LEBE.

N. Scott Momaday, Kiowa

Das Ganze der Natur ist in mir – und ein bisschen von mir ist im Ganzen der Natur.

Lame Deer, Sioux

Waldsterben – was ist das?

Es begann etwa im Jahr 1970. Ganz plötzlich und ohne erkennbaren Grund wurden überall Tannen in großer Zahl krank. Es folgten die Kiefern und Fichten und schließlich auch die meisten Laubbaumarten des Waldes. Heute sind alle Wälder auf der nördlichen Erdhalbkugel durch diese Krankheit in größter Gefahr!

Das Waldsterben macht nicht nur die Blätter oder Nadeln krank, sondern den ganzen Baum von Kopf bis Fuß. Sein Wachstum wird gestört und auch der Wassertransport in seinem Stamm. Besonders schlimm sind die Schäden an seinen Wurzeln. Die feinsten von ihnen, die Saugwurzeln, versorgen ihn mit Wasser und Nährsalzen aus der Erde. Sie sterben rasch ab und werden immer wieder neu gebildet – das ist ganz natürlich. Der kranke Baum aber kann sie kaum oder gar nicht mehr nachwachsen lassen. Mit der Zeit muss er verhungern und verdursten.

Die Verantwortung dafür tragen wir Menschen. Pflanzen sind empfindlicher als wir. Sie werden schneller krank von all den schädlichen und oft auch giftigen Stoffen, mit denen wir rücksichtslos unsere Umwelt mehr und mehr belasten.

Das war nicht gleich zu merken, als man damit begann Ruß, Staub und Abgase von Fabriken und Autos in die Luft zu schicken. Im Gegenteil: Der Wald wurde lange Zeit als Luftfilter gerühmt, weil er die verschmutzte Luft durch seine Blätter und Nadeln wieder reinigen konnte.

Aber Bäume können nicht jede Menge Dreck und Gift verkraften – und auch nicht endlos lange.

Inzwischen werden aus Millionen Schornsteinen und Auspuffrohren so viele verschiedene Schadstoffe in die Luft geblasen, dass der Wald daran erstickt. Hätten sie doch alle grelle Farben und würden sie scheußlich stinken!

Dann ginge man sicher vorsichtiger mit ihnen um. Aber die meisten von ihnen steigen unsichtbar und geruchlos zum Himmel auf. In der Luft werden sie vom Wind vermischt und über alle Grenzen hinweg weit verteilt.

Textwerkstatt
Seite 178

Manche dieser giftigen Gase verbinden sich mit den Wassertröpfchen in der Luft. Dabei entstehen Säuren. Regen, Nebel und Schnee können durch sie so sauer werden wie der Saft einer Zitrone!

Bestimmt hast du schon vom sauren Regen gehört. Er ist eine der Hauptursachen für das Waldsterben. Die Säure verletzt nicht nur die Blätter und Nadeln. Sie schadet vor allem den unzähligen Lebewesen im Waldboden und den Saugwurzeln der Bäume.

Natürliche Lebensräume, die den Giften in Luft und Regen sehr lange ausgesetzt sind, müssen am meisten davon schlucken. So ist es auch beim Wald. Seine Bäume werden ja älter als alle anderen Pflanzen und als die Tiere. Aber auch wir Menschen sind ein Teil der Natur. Wie lange werden wir noch in einer vergifteten Umwelt leben können? Trotzdem tragen wir alle weiter dazu bei, dass sie sich gefährlich verändert.

Denn auch du und ich gehören zu der großen Gesellschaft von Menschen, die bequem leben und immer mehr haben wollen.

Unser angenehmes Leben belastet die Natur auf vielerlei Weise.

Ein Beispiel dafür ist unser hoher Verbrauch an Energie.

Wir halten es für selbstverständlich, dass unsere Wohnungen gemütlich warm und hell erleuchtet sind und dass für unsere vielen, vielen elektrischen Geräte jederzeit Strom aus der Steckdose kommt. Fast alle Dinge, die wir kaufen, werden mit Hilfe von Maschinen hergestellt und verpackt – dafür ist noch viel mehr Energie nötig. Und kein Auto kann fahren ohne die Energie, die im Benzin steckt. Bei jeder Energiegewinnung durch Verbrennung entstehen giftige Gase, die irgendwo in die Luft geblasen werden. Man sagt, die Kraftwerke, die uns Strom liefern, seien die größten Umweltverschmutzer. Aber schließlich produzieren sie nur so viel Strom, wie verbraucht wird – und zwar von uns allen!

Wenn alle an etwas beteiligt sind, kann auch jeder Einzelne etwas ändern. Zum Beispiel an seinem oft gedankenlosen Verbrauch von Energie. – Machst du mit?

Irmgard Lucht

Hochwasser

Der Strom,
der so lange karg
im schmalen Graben
dahinfloss,
schwillt jäh
von dem schmelzenden Winter
in den Gebirgen.
Er steigt in die Ebene,
über Nacht,
heimlich, lautlos.
Die Maulwürfe ertrinken,
die Mäuse, die Engerlinge.
Der Mensch
sitzt hinter Dämmen und Deichen.
Er fürchtet sich.
Die Pappel wird dunkel
von all der aufgetrunkenen Kühle,
von all der fließenden Kraft.
Für einen langen grünen Sommer.

Rolf Bongs

Jahrhundert-Hochwasser in Deutschland

Blick auf die überflutete Gemeinde Kleinjena am 15.4.1994. Mehrere Teile Deutschlands versanken damals in Regen und Schnee. Besonders betroffen waren Bayern, Baden-Württemberg, Thüringen und Sachsen-Anhalt. Über die Ufer getretene Flüsse setzten Städte und ganze Landstriche tagelang unter Wasser.

Vorher, nachher

Ein Fluss hatte Sorgen. Mal regnete es zu viel.
Mal regnete es zu wenig. Das wäre ja noch gegangen,
denn man hat nicht immer gleich viel.
Aber das Gift! Man vergiftete ihn.
Wenn ihr mich vergiftet – vergifte ich euch!
Alle, die ihn berührten – an seinem unteren Lauf –,
wurden bleich und fieberten.
So entstand eine Feindschaft zwischen dem wandernden
Wasser und seinen menschlichen Anwohnern.
Aber eines hatten beide noch gemeinsam:
Sie träumten davon, wie es vorher war.

Jürgen Spohn

Ganz neue Fische

Plötzlich finden wir in unseren Seen und Flüssen
eine Anzahl neuer Fische vor, die sich von Tag zu
Tag vermehren. Hier ist nun eine erste Aufstellung
der wichtigsten und bekanntesten der neuen Fische:

DER WEIT VERBREITETE
COCA-COLA-DOSENFISCH
DER VERROSTETE BIERFLASCHENVERSCHLUSSFISCH
DER GELBE BANANENSCHALENFISCH
DER GEMEINE SPRUDELGLASSCHERBENFISCH
DER UNMÖGLICHE SÜSSIGKEITENPAPIERTÜTENFISCH
DER WEISSE SUPERMARKTTRAGETASCHENFISCH
DER BUNTE ZIGARETTENSCHACHTELFISCH
DER ALBERNE MÜLLFISCH
DER STINKENDE DRECKFISCH
DER SCHIMMELIGE RESTEFISCH

Erwin Grosche

Textwerkstatt
Seite 185

Der kleine Prinz und das Wasser

„Guten Tag“, sagte der kleine Prinz.
„Guten Tag“, sagte der Händler.
Er handelte mit höchst wirksamen durststillenden Pillen. Man schluckt jede Woche eine und spürt überhaupt kein Bedürfnis mehr zu trinken.
„Warum verkaufst du das?“, sagte der kleine Prinz.
„Das ist eine große Zeitersparnis“, sagte der Händler.
„Die Sachverständigen haben Berechnungen angestellt.
Man erspart dreiundfünfzig Minuten in der Woche.“
„Und was macht man mit diesen dreiundfünfzig Minuten?“
„Man macht damit, was man will ...“
„Wenn ich dreiundfünfzig Minuten übrig hätte“, sagte der kleine Prinz,
„würde ich ganz gemächlich zu einem Brunnen laufen ...“

Antoine de Saint-Exupéry

Hier hast du

Hier hast du
einen Regentropfen
ein bisschen Ozean
für deinen Durst.

Günter Bruno Fuchs

Wasser, wohin gehst du?

Wasser, wohin gehst du?
Lachend trägt mich der Fluss
zu den Ufern des Meeres.

Meer, wohin gehst du?
Den Fluss hinauf
such ich eine Quelle zum Ausruhn.

Federico Garcia Lorca

Über die Erde

Über die Erde
sollst du barfuß gehen.
Zieh die Schuhe aus,
Schuhe machen dich blind.
Du kannst doch den Weg
mit deinen Zehen sehen.
Auch das Wasser
und den Wind.

Sollst mit deinen Sohlen
die Steine berühren,
mit ganz nackter Haut.
Dann wirst du bald spüren,
dass dir die Erde vertraut.

Spür das nasse Gras
unter deinen Füßen
und den trockenen Staub.
Lass dir vom Moos
die Sohlen streicheln und küssen
und fühl
das Knistern im Laub.

Steig hinein,
steig hinein in den Bach
und lauf aufwärts,
dem Wasser entgegen.
Halt dein Gesicht
unter den Wasserfall.
Und dann sollst du dich
in die Sonne legen.

Leg deine Wange an die Erde,
riech ihren Duft und spür,
wie aufsteigt aus ihr
eine ganz große Ruh.
Und dann ist die Erde
ganz nah bei dir
und du weißt:
Du bist ein Teil von allem
und gehörst dazu.

Martin Auer

Till Eulenspiegel bäckt Eulen und Meerkatzen

„Der ist ja verrückt", sagen die Leute oft, wenn sie von Tills Streichen hören. Und ein paar Gescheite, die noch lachen können, sagen dann: „Ja, Gott sei Dank. Dass es das noch gibt, einen, der die Dinge verrückt, so wie es ihm gefällt, damit nicht immer alles das gleiche Gesicht und die gleiche Ordnung hat!"

Textwerkstatt
Seite 176, 178

Eines Tages kam Till zu einem Bäcker. Schon nach wenigen Tagen ließ der Bäckermeister Till kommen und bat ihn, an seiner Stelle das Backen zu übernehmen. Bis zum Morgen müsse alles fertig sein.
„Ja, was soll ich denn backen?", fragte Till.
Der Meister wurde zornig und rief spöttisch:
„Na, was pflegt ein Bäcker schon zu backen? Eulen und Meerkatzen natürlich!"
Als nun der Bäcker am frühen Morgen in die Backstube kam, fand er keine einzige Semmel und keinen einzigen Brotwecken. Er sah überall nur gebackene Eulen und Meerkatzen, Eulen und Meerkatzen in allen Größen, wohin er auch schaute.

Bist du denn von allen guten Geistern verlassen!", tobte der Bäckermeister.
„Was hast du denn gebacken?" „Was Ihr mich geheißen habt", sagte Till ruhig, „Eulen und Meerkatzen."
Der Bäcker schimpfte und fluchte und wollte sich nicht beruhigen.
„Nimm dein Narrenzeug und verschwinde!", schrie er.
Till musste auch noch den Teig bezahlen, den er verbraucht hatte.
Er gab dem Bäcker das Geld, steckte alle seine Eulen und Meerkatzen in einen Korb und ging rasch davon. Er stellte sich vor die Kirche und zeigte allen Leuten, die vorbeikamen, den Alten und den Jungen, seine gebackenen Eulen und Meerkatzen.

Und da der nächste Tag St. Nikolaustag war und alle Leute nach kleinen Geschenken suchten, kam ihnen der sonderbare Bäckergeselle mit seinen Eulen und Meerkatzen gerade recht.
„Endlich einmal etwas Neues!", sagten sie.
„Nicht immer nur diese langweiligen, runden Semmeln!"
Und sie kauften und kauften, und Till verdiente viel mehr Geld, als er dem Bäcker für den Teig gegeben hatte.

Text nacherzählt von: Heinz Janisch
Bilder: Lisbeth Zwerger

Wer den Duft des Essens verkauft

Ein Schwank vom Hodscha Nasreddin

Einer der Armen der Stadt Aksehir hatte sich ein Stück Brot verschaffen können. Während er darüber nachdachte, wie er es anstellen müsste, um eine Zuspeise zu erhalten, kam er vor eine Gaststätte. In dem offenen Lokal war der Koch gerade dabei, das Essen zuzubereiten. Der Fleischkessel dampfte und verbreitete einen herrlichen Duft, der auch dem Armen in die Nase stieg. Dieser beugte sich über den Kessel, brach das Brot und ließ jedes Stück vom ausströmenden Dampf bestreichen.

Diese Art, sein Mahl zu halten, verblüffte den Koch, und er schaute eine Weile wortlos zu. Doch als der Arme sein Mahl beendet hatte, packte er ihn am Kragen und forderte ihn auf, für das Essen zu zahlen. Der Arme lehnte indes dieses Ansinnen ab, indem er beteuerte, er habe doch nicht einen Bissen von dem Fleischgericht verzehrt.

Der Koch schleppte den Armen vor den Kadi[1]. Dieses Amt übte zu jener Zeit der Hodscha Nasreddin[2] aus. Nachdem der Hodscha die beiden Parteien schweigend angehört hatte, wie es bei einer ordentlichen Gerichtsverhandlung üblich ist, holte er zwei Silbergroschen aus der Tasche und winkte den Koch zu sich heran.

„Tritt näher und spitz die Ohren!“, sagte er und ließ die beiden Geldstücke klimpern. „Nimm den Klang des Geldes und scher dich fort!“

„Das ist doch keine Verhandlung“, protestierte der Koch.

„Doch! Mit diesem Urteil wird der Gerechtigkeit Genüge getan. Wer den Duft des Essens verkauft, hat lediglich Anspruch auf das Klimpern des Geldes.“

Türkischer Schwank

[1] Kadi: Das ist ein Richter in einem islamischen Land, zum Beispiel in der Türkei.

[2] Hodscha (türkisch „hoca“): Hodscha Nasreddin wird auch der türkische Till Eulenspiegel genannt. Er nimmt die Leute beim Wort, zeigt auf ihre Schwächen und deckt Ungerechtigkeiten auf.

Ein Märchen

Ein Mensch wandert
von Land zu Land
von Stadt zu Stadt

Er sucht einen Ort
ohne Streit ohne Hass

Ruhelos
wandert er
durch die Welt
und sucht

ein Märchen

Rose Ausländer

Es war einmal

Es war einmal
ein Märchenerzähler
der hieß Eswareinmal

Er erzählte
unzählige Märchen
kleinen und manchen
großen Kindern

Die Kleinen träumten davon
die Großen erzählten sie weiter
Kleinen und manchen
großen Kindern

Die Geschichten
fangen an
mit den Worten
Es war einmal

Rose Ausländer

Vom Großmütterchen, das alles wusste

Es war einmal ein Großmütterchen, ein schlaues Köpfchen; Verstand hatte sie so viel, dass sie ihn hätte verschenken können, und immer wäre noch genug übrig geblieben. Von ihrer Klugheit erfuhr sogar der Schlossherr, und er ließ sie in einer goldenen Kutsche holen. Sein goldener Ring mit dem großen Diamanten war ihm nämlich abhanden gekommen, und das Großmütterchen sollte ihn finden. Sie hatte wirklich keine Lust, ins Schloss zu fahren, aber musste wohl, wo es der Schlossherr doch befohlen hatte.

In der Kutsche begann sie zu beten: „Lieber Herr im Himmel, du bist der Kutscher, der alle unsere Schritte leitet, und wir sind deine Diener, und weil du der Kutscher bist und wir die Diener, so hilf mir aus der Not, wie du deinen Dienern aus der Not hilfst.“ Der Kutscher auf dem Kutschbock hörte zu, was das Großmütterchen vor sich hinmurmelte, aber er verstand nur immer „Kutscher“ und „Diener“.

Und das jagte ihm einen großen Schreck ein, denn den goldenen Ring hatte nämlich er mit seinem Freund, dem Diener, gestohlen. Schnell hielt er an, sprang vom Kutschbock herunter und flehte das Großmütterchen auf Knien an, ihn nicht zu verraten, er wolle ja den Ring gern zurückgeben und ihr noch hundert Rubel dazu.

„Gut, gut“, meinte das Großmütterchen. „Wo hast du denn den Ring versteckt?“

„Er hängt im Pferdestall an einem Haken unter der Decke.“

„So lass ihn dort hängen. Gib die hundert Rubel her, und lass alles Übrige meine Sorge sein.“

Als das Großmütterchen ins Schloss kam, ließ der Schlossherr sie gleich kommen und sagte, er hätte von ihrer Klugheit gehört, und wenn sie seinen Ring fände, wolle er ihr hundert Rubel geben. Das Großmütterchen nickte weise und ließ sich erzählen, wann und wie der Ring verschwunden sei. Dann tat sie, als suche sie im ganzen Schloss.

Textwerkstatt
Seite 171

Sie schaute sich in Ruhe alles an, denn wann kommt schon mal ein armer Mensch in so ein Schloss, und schließlich ging sie in den Stall, nahm den Ring vom Haken und brachte ihn zum Schlossherrn. „Ist er das vielleicht?“

„Ja, das ist er“, freute sich der Schlossherr und wollte gleich wissen, wo das Großmütterchen ihn gefunden habe.

„Gefunden oder nicht, er ist mir selbst nachgerollt“, lachte das Großmütterchen. Da fragte der Herr nicht weiter. Er gab ihr hundert Rubel, und da es gerade Mittagszeit war, lud er sie auch noch zum Essen ein.

Das Großmütterchen saß mit gemischten Gefühlen am Tisch. Der Schlossherr aber war guter

Dinge und wollte wissen, ob sie erraten könne, was für einen Vogel der Koch ihnen gebraten habe.

Gerade trug der Diener eine zugedeckte Schüssel herein.

„Das kommt davon, wenn ein einfacher Dorfspatz in ein herrschaftliches Schloss fliegt!“ So seufzte das Großmütterchen.

„Erraten!“, rief der Schlossherr. „Es ist ein gebratener Spatz! Wie hast du das erraten? Du hast nicht einmal den Deckel von der Schüssel gehoben.“

Dem Großmütterchen fiel ein Stein vom Herzen. Der Schlossherr wollte sie unbedingt mit der Kutsche nach Hause fahren lassen. Er hatte schon vorher dem Kutscher befohlen, ein halbes Schock angebrüteter Eier unter den Sitz zu stellen.

Das Großmütterchen aber wollte

nicht in die Kutsche steigen.

„Seid mir nicht böse, gnädiger Herr, aber eine solch herrschaftliche Fahrt, das ist nichts für mich. Ich würde in der Kutsche sitzen wie eine Klucke auf ihren Eiern, lieber gehe ich zu Fuß.“

Der Schlossherr konnte sich nicht genug darüber wundern, dass Großmütterchen alles wusste und zudem noch so treffliche Antworten gab.

Russisches Märchen

Georg und der Drache

In einem See in der Nähe der Stadt Silena hauste ein schrecklicher Drache. Wo er hintrat, verwüstete er Felder und Wiesen. Auch den mutigsten Kriegern gelang es nicht, das Tier zu töten.

Um den Drachen zu besänftigen, beschlossen die verzweifelten Menschen, ihm jeden Tag zwei Schafe vorzuwerfen. Doch die Schafe waren bald aufgefressen, und die Gier des Tieres wurde immer größer.

Es forderte Menschenopfer. „Wenn wir ihm nicht zu Willen sind, wird das Tier in die Stadt eindringen und sie zerstören“, fürchteten die Bewohner. Die Opfer wurden durch das Los bestimmt.

Auch Kinder blieben nicht verschont.

Eines Tages traf das Los die einzige Tochter des Königs.

„Nehmt die Hälfte meines Reiches, aber lasst mir mein Kind“, bat der König. „Das hilft uns nichts“, sagten die Leute. „Auch du sollst dich an unsere Abmachung halten, sonst werden wir uns rächen.“

Aus Erbarmen gewährten sie dem König acht Tage Zeit, um von seiner Tochter Abschied zu nehmen.

Nach dieser Zeit ließ der König die Prinzessin mit den schönsten Kleidern schmücken und führte sie vor die Tore der Stadt. Das Volk begleitete sie. Als das Mädchen allein zum See lief, kam ihr ein fremder Ritter auf einem braunen Pferd entgegen.

Es war Georg. „Warum weinst du?“, fragte er.

„Ich muss sterben“, antwortete die Prinzessin. „Ein schrecklicher Drache bedroht uns. Fliehe!“

Doch Georg zeigte keine Angst. „Ich will versuchen dich zu retten“, sagte er.

In diesem Augenblick fing das Wasser an zu brodeln und zu schäumen.

Aus den Wellen stieg der Drache ans Ufer.

Georg ritt ihm entgegen, und bevor der Drache sich wehren konnte, erstach er ihn mit seiner Lanze.

Der König und das Volk, die alles aus der Ferne mit angesehen hatten, jubelten dem Ritter zu. Aber Georg sagte: „Gott hat mir die Kraft geschenkt, euch von dem Drachen zu erlösen. Nicht mir, sondern ihm müsst ihr danken.“
Der König belohnte Georg mit Gold und Silber und Edelsteinen.
Aber Georg verteilte die Schätze unter die Armen der Stadt und kehrte in seine Heimat zurück.

Max Bolliger

Die Weiber zu Weinsberg

Es geschah im Jahre 1140, dass König Konrad III. von Hohenstaufen die Stadt Weinsberg am Neckar belagerte, die dem Herzoge Welf von Bayern gehörte.
Als nun Welf eine Schlacht bei Waiblingen verloren hatte, warf er sich mit den Seinen in das Schloss Weinsberg, konnte aber eine lange Belagerung darin nicht aushalten, sondern musste um Gnade bitten.
Da gewährte der Kaiser den Frauen freien Abzug und dass jede auf ihren Schultern mitnehmen dürfte, was sie tragen könnte; die Männer aber sollten alle über die Klinge springen*.
Nun nahm eine jede ihren Mann auf den Rücken; die Herzogin Jutta ging mit ihrem Gemahl Welf voran den Berg hinab, und die andern folgten in langer Reihe.
Das gefiel dem Kaiser, und er begnadigte auch die Männer, obschon sein Bruder, Herzog Friedrich, widersprach und sagte, so wäre das nicht gemeint gewesen.
Doch der Kaiser antwortete:
„Am Königswort soll nicht gerüttelt werden.“

Josef Guggenmos

* Redensart, bedeutet: getötet werden

Hab und Gut macht Übermut

Heinrich Heine und andere Dichter haben diese geheimnisvolle versunkene Stadt besungen. Auch eine Sage berichtet davon:

An der nördlichen Küste Usedoms, in dem alten Land der Wenden, lag einst, von drei Meeren umspült, die schöne Stadt Vineta. Größer als das viel gerühmte Konstantinopel, älter als das prächtige Rom ist sie gewesen, besaß einen herrlichen Hafen und zwölf prunkvolle Tore. Anfangs waren Vinetas Bewohner ehrbare und fleißige Leute. Kunst und Wissenschaft standen bei ihnen in hoher Blüte, in Gastfreundlichkeit und Höflichkeit fanden sie nicht ihresgleichen. Alle Einwohner hatten das gleiche Recht, Handel zu treiben. So kam es vor, dass manchmal mehr als 300 Schiffe im Hafen lagen, auch welche aus Afrika und Indien. Die Vineter aber verschickten ihre Waren bis Persien und China.

Der Reichtum der Stadt war so groß, dass ihre Tore aus Erz, ihre Glocken aus Silber, ihr Tischgerät aber aus Gold gemacht waren. Silber galt so wenig, dass die Kinder auf der Straße damit spielten. Das sonderlichste und lustigste Leben herrschte in dieser Stadt. Ihr unvorstellbarer Reichtum jedoch führte die Einwohner zu Leichtsinn und Verschwendungssucht. Und aus diesem Grund erhob sich eines Tages das Meer gegen sie. Es überflutete die Stadt und verschlang sie.

Ein einziger Mann nur konnte sich auf einem Pferd retten. Die Stelle aber, wo die Stadt gestanden hat, findet man jetzt noch. Wenn man von Wolgast aus über die Peene in das Land Usedom kommt, erblickt man bei stiller See, eine viertel Meile weit in das Meer hinein, große Steine, schlanke Säulen von weißem Marmor und Alabaster und breite Fundamente. Abends, wenn kein Sturm aufkommt, hört man die silbernen Glocken der Stadt tief auf dem Meeresgrund läuten. Und alle hundert Jahre am Ostermontag taucht die ganze Stadt in alter Pracht und Herrlichkeit aus den Fluten auf.

Sie wartet darauf, von einem Sonntagskind, das an diesem Tag Geburtstag hat, erlöst zu werden. Das kann aber nur dann geschehen, wenn die Vineter durch die Tat beweisen, dass sie sich gebessert haben. Sind sie aber immer noch habgierig und leichtsinnig, sinkt Vineta für weitere hundert Jahre auf den Meeresgrund zurück.

Helma Heymann

Die Lorelei

Ich weiß nicht, was soll es bedeuten,
dass ich so traurig bin.
Ein Märchen aus uralten Zeiten,
das kommt mir nicht aus dem Sinn.
Die Luft ist kühl, und es dunkelt,
und ruhig fließt der Rhein;
der Gipfel des Berges funkelt
im Abendsonnenschein.

Die schönste Jungfrau sitzet
dort oben wunderbar;
ihr gold'nes Geschmeide blitzet,
sie kämmt ihr goldenes Haar;
sie kämmt es mit goldenem Kamme
und singt ein Lied dabei;
das hat eine wundersame,
gewaltige Melodei.

Den Schiffer im kleinen Schiffe
ergreift es mit wildem Weh;
er sieht nicht die Felsenriffe,
er schaut nur hinauf in die Höh.
Ich glaube, die Wellen verschlingen
am Ende Schiffer und Kahn,
und das hat mit ihrem Singen
die Lorelei getan.

Heinrich Heine

Textwerkstatt
Seite 183

Der Sonnenprinz und das Nagamädchen

In uralten Zeiten floss inmitten eines dichten Waldes ein kleiner Fluss. An seinen Ufern blühten die schönsten Lotosblüten in allen fünf Farben. An diesem lieblichen Ort lebten keine Menschen.
Eines Tages erschien ein Nagamädchen*, das von seinem Vater die Erlaubnis bekommen hatte, eine Weile auf der Erde zu bleiben. Zu gleicher Zeit bat der Sohn des Sonnenkönigs seinen Vater das Menschenland aufsuchen zu dürfen. Er flog vom Himmel herab auf die Erde und wollte sich eine Braut suchen.
So kam der Sonnenprinz zur Erde und verwandelte sich in einen Menschen. Als er durch den dichten Wald streifte, fand er den Fluss, an dessen Ufer das Nagamädchen mit schöner Stimme ihre Lieder sang.
Er begrüßte das Mädchen, und beide verliebten sich sogleich ineinander und wurden Mann und Frau.
Die Eltern wollten nun ihrem Sohn offenbaren, dass seine Frau kein menschliches Wesen, sondern eine Nagama sei. Sie schickten einen Boten und ließen den Sohn herbeiholen. Sie rieten ihm, er solle, während die Nagama fest schliefe, eine schwarze Fichtenholzfackel aus dem Sonnenland entzünden und die Frau unter ihrem Scheine betrachten. Dann könne er ihre ursprüngliche Gestalt sehen.
Nun hatte der Sonnenprinz seine Nagafrau niemals im tiefsten Schlafe gesehen. Täglich schlich er sich vergeblich zu ihr, bis er sie, als sie hochschwanger war, in bleiernem Schlafe vorfand.
Da entzündete er seine Fackel aus dem Sonnenland. In dem Moment aber, als die ursprüngliche Gestalt seiner Frau zum Vorschein kam, weckte er sie und fragte sie nach ihrem Geheimnis.

* Naga, Nagama: Das ist eine Schlange, manchmal ein Mischwesen oder wie in diesem Märchen eine Schlange, die sich in Menschengestalt verwandelt hat. Sie trägt eine mehrköpfige Kobrahaube.

„Jetzt kennt mein Gatte meine Herkunft, ich muss ihm die Wahrheit gestehen“, dachte die Nagama. Sie hob wie im Gebet ihre beiden Hände und rief: „Edler Gemahl, wie du selbst gesehen hast, bin ich eine Nagama.

Ich nehme jede Strafe entgegen, die du mir zudenkst. Ich habe nie gewagt, in tiefen Schlaf zu verfallen. In meinem jetzigen Zustand jedoch bin ich so fest eingeschlafen, und meine ursprüngliche Gestalt ist zum Vorschein gekommen.“

Der Sonnenprinz verspürte nicht die geringste Neigung, seine Gattin zu bestrafen, sie tat ihm im Gegenteil erst richtig Leid.

„Ich habe nur gefragt, weil ich es wissen wollte. Du bist eben keine Menschenfrau, sondern eine Nagama, und damit ist es gut“, erwiderte er. Es dauerte nicht lange, da brachte die Nagama Zwillinge zur Welt, einen Sohn und eine Tochter. Die Geburt der beiden Kinder ließ die Eheleute noch glücklicher werden, als sie schon vorher waren.

Eines Tages wollte nun auch der Sonnenprinz das Geheimnis seiner Herkunft lüften, und er fragte die Nagama, ob sie wüsste, woher er stamme. „Aber freilich, lieber Gemahl, du bist ein Prinz vom Sonnenland, nicht wahr?

Weißt du, ich möchte eigentlich für immer mit dir und den Kindern als Mensch hier auf der Erde leben. Ich möchte, dass wir unsere ursprüngliche Herkunft aufgeben. Dazu könntest du aus dem Sonnenland die Medizin holen, die uns zu richtigen Menschen macht.“

Inzwischen wurden die beiden Kinder sieben Jahre alt.

Da brachte der Sonnenprinz seine Familie an einen Ort, wo Menschen wohnten, und machte sich selbst auf die Reise ins Land des Sonnenkönigs, um die Medizin herbeizuschaffen, die sie für immer zu richtigen Menschen machen sollte. Als er aber bei seinem Vater ankam, trug ihm dieser eine Reihe von Pflichten auf, sodass er nicht sofort zurückkehren konnte.

Doch er dachte immer an seine Frau und seine Kinder und hatte Sehnsucht nach ihnen.
Eines Tages schaute der Sonnenprinz von der Sonne aus auf die Erde herab und entdeckte, dass sein Sohn, seine Frau und seine Tochter ein Königreich errichtet hatten. Darüber freute er sich und war zugleich traurig. Er freute sich, weil sein Geschlecht auf der Erde Fuß gefasst hatte und dort bleiben würde, solange die Erde bestände. Er war traurig, weil er, ohne etwas ändern zu können, die ihm vom Sonnengott übertragenen Pflichten erfüllen musste und nicht zum Lande der Menschen hinabsteigen konnte. Deshalb ließ er einen Boten sich in eine weiße Krähe verwandeln.
In einem Beutel gab er ihm einen Wunschrubin für seine Frau, seine Kinder und Enkel mit.

Auf den Beutel schrieb er: „Der Rubin, der alle Wünsche erfüllt.“ Der Bote nahm den Rubin an sich und begab sich hinab auf die Erde. In einem Wald hörte er die schönen Stimmen der Krähen vom Menschenland. Er flog näher und fand Jäger, die gerade Wildbret zerlegten. Er hängte sein Beutelchen mit dem Rubin an einen Baum und holte sich ein paar Bröckchen zum Schmause. Doch er geriet dabei in eine Falle. Den Jägern fiel auf, dass die weiße Krähe unverwandt auf eine bestimmte Stelle an einem Baum schaute. Sie erblickten den Beutel, öffneten ihn und fanden den Rubin. Sie nahmen ihn an sich, legten stattdessen etwas Kot von Waldestieren in den Beutel und hängten ihn wieder an den alten Platz. Dann ließen sie die weiße Krähe frei. Der Bote nahm seinen Beutel, flog zu dem Ort, wo sich die Nagama aufhielt, und übergab ihr das Geschenk. Wie freute sich die Frau: „Jetzt endlich kann ich mit meiner Familie als richtiger Mensch glücklich leben!“
Dann öffnete sie den Beutel.

Wie groß war ihre Enttäuschung, als sie in dem Beutel nichts als Kot von Waldtieren fand! Da die Nagama fürchtete, dass ihre Kinder ihre wahre Herkunft erführen, hütete sie sich, ihrem Zorn freien Lauf zu lassen. „Oh“, rief sie unter Tränen, „hat mein Gatte mich allein im Menschenland zurückgelassen und ist im Land der Sonne geblieben. Es ist vorbei mit der Liebe, es kommt nur noch Schmerz.“ Die Nagama wusste nicht, was sie tun sollte, und jedes Mal, wenn sie an den Rubin dachte, den ihr der Sonnenprinz geschickt haben wollte, wurde sie immer trauriger. Da kamen zu ihr Boten aus dem Land der Nagas und sagten, dass es an der Zeit sei zurückzukehren. Also rief sie ihren Sohn, ihre Tochter, ihre Schwiegertochter und ihre Enkel zu sich und erklärte ihnen, dass sie das Menschenland verlassen müsse. Sie hielt auch die Zeit für gekommen, ihnen ihre Abstammung zu offenbaren, die sie so viele Jahre verschwiegen hatte. Sie sagte, dass sie die Tochter des Königs der Nagas sei. Der Vater ihres Sohnes und ihrer Tochter aber sei der Sonnenprinz. Sie erzählte die ganze Nacht. Als der nächste Morgen herandämmerte, nahm die Nagama ihre Kinder, ihre Schwiegertochter und ihre Enkel mit zu dem wunderschönen Fluss, an dessen Ufer alle fünf Arten von Lotos wuchsen. Dort sagte sie: „Die Männer unseres Geschlechts mögen von jetzt an in Erinnerung an ihre Mutter, die Nagama, ein Stück Stoff um den Kopf winden, und in Erinnerung an den Vater sollen sie einen Zipfel herausschauen lassen. Die Frauen sollen gestreifte Kleidung tragen und auch ein Tuch um den Kopf winden – zur Erinnerung an die Haube ihrer Mutter, der Nagama. Bitte merkt euch das, meine lieben Kinder.“ Dann tauchte die Nagama im Fluss unter, erschien noch dreimal mit ihrem Haupt über der Wasseroberfläche und verschwand schließlich vor den Augen ihrer Angehörigen.

Märchen der Palaung

Das Dasein ist schön

Ein Morgen,
an dem frischer Schnee fällt

Die Straßenbahnen
sind sehr gelb
und fahren leiser
als gewöhnlich.

Der Zeitungsstand
blüht
in der Dämmerung.
Viele Menschen
sind unterwegs,
die denken,
das Dasein ist schön.

Wie weich
die Umrisse
der Autos sind.

Der spröde Duft.
Man sollte jetzt
weit gehen können,
denn man geht
über der Erde.

Man sieht
nur eine Ruflänge weit.
Aber seltsam,
dass sich die Jahre
zwischen den Alleebäumen
öffnen.

Die Laternen
brennen
wie hinter der Welt.
Die Radfahrer
haben Mühe,
vorwärts zu kommen:

Ein Morgen,
an dem frischer Schnee
fällt.

Walter Helmut Fritz

Textwerkstatt
Seite 182, 184

Im verschneiten Holunderbusch

Im verschneiten
Holunderbusch
hockt eine Amsel.
War sie schon immer
so schwarz?

Manfred Hausmann

Schneekristall

Ein Schneekristall lag
mir auf der Hand, ewig schön,
eine Sekunde.

Josef Guggenmos

Bild: Isabel Pin

Weihnachtszeit in Polen

In Polen beginnt die Weihnachtsfeier, wenn am Heiligabend der erste Stern am Himmel aufleuchtet. Auf das gemeinsame Festessen freut sich die ganze Familie – und nicht nur deshalb, weil alle den ganzen Tag fasten, um sich darauf einzustimmen. Das Festmahl beginnt damit, dass jeder ein Stückchen der großen Weihnachtsoblate bekommt, die zuvor in der Kirche geweiht wurde. Der Tisch ist festlich gedeckt und unter der Tischdecke ist Stroh ausgebreitet. Dies soll daran erinnern, dass auch das Jesuskind auf Stroh in einer Krippe lag. Ein Platz am Tisch bleibt immer für einen unerwarteten Gast frei. Das Festessen dauert sehr lange und besteht aus zwölf verschiedenen Speisen. Es gibt selbst gebackenes Weißbrot, rote Borschtschsuppe, Sauerkraut mit Pilzen, verschieden zubereiteten Karpfen, Piroggen (das sind gefüllte Teigtaschen) und vielerlei süße Sachen zum Nachtisch.

Für die Kinder sind die Sternenmutter und der Sternenmann besonders wichtig und an die beiden schreiben sie auch ihre Wunschzettel. Am Weihnachtsabend nach dem Festessen kommt der Sternenmann zu den Familien. Er hat sich als Priester verkleidet und stellt den Kindern Fragen zu Geschichten aus der Bibel. Begleitet wird der Sternenmann von den drei Weisen, die dann die Geschenke verteilen. In den größeren Städten aber bringt heutzutage immer öfter der Weihnachtsmann den Kindern Geschenke. Er heißt Mikolay und ist eigentlich der polnische Nikolaus. Die Geschenke liegen oft unter einem Tannenbaum, der mit Glaskugeln, Figürchen, Gebäck und selbst gemachten Papiergirlanden geschmückt ist.

Olivia König

Textwerkstatt
Seite 172, 184

Marias Schlaflied für das Jesuskind

Lulajže, Jezuniu

Text aus Polen
Melodie: Klaus W. Hoffmann

2. Träum von den Hirten,
sie brachten dir Gaben,
obwohl sie selbst kaum
zum Leben was haben.
Schlafe …

3. Träum von den Königen
aus fernen Landen,
die mit dem Stern
ihren Weg zu dir fanden.
Schlafe …

4. Träum von den Kindern,
von ihren Besuchen,
schenkten dir Blaubeeren,
Mandeln und Kuchen.
Schlafe …

Textwerkstatt
Seite 184

Heilige Nacht

Es war an einem Weihnachtstag, alle waren zur Kirche gefahren, außer Großmutter und mir. Wir hatten nicht mitfahren können, weil die eine zu jung und die andere zu alt war. Und alle beide waren wir betrübt, dass wir nicht zum Mettegesang fahren und die Weihnachtslichter sehen konnten. Aber wie wir so in unserer Einsamkeit saßen, fing Großmutter zu erzählen an.

Es war einmal ein Mann, sagte sie, der in die dunkle Nacht hinausging um sich Feuer zu leihen. Er ging von Haus zu Haus und klopfte an. „Ihr lieben Leute, helft mir!", sagte er. „Mein Weib hat eben ein Kindlein geboren und ich muss Feuer anzünden, um sie und den Kleinen zu erwärmen."
Aber es war tiefe Nacht, sodass alle Menschen schliefen, und niemand antwortete ihm. Der Mann ging und ging. Endlich erblickte er in weiter Ferne einen Feuerschein. Da wanderte er dieser Richtung zu und sah, dass das Feuer im Freien brannte. Eine Menge weißer Schafe lag rings um das Feuer und schlief und ein alter Hirte wachte über die Herde. Als der Mann, der Feuer leihen wollte, zu den Schafen kam, sah er, dass drei große Hunde zu Füßen des Hirten ruhten und schliefen. Sie erwachten alle drei bei seinem Kommen und sperrten ihre weiten Rachen auf, als ob sie bellen wollten, aber man vernahm keinen Laut.
Der Mann sah, dass sich die Haare auf ihrem Rücken sträubten, er sah, wie ihre scharfen Zähne funkelnd weiß im Feuerschein leuchteten und wie sie auf ihn losstürzten. Er fühlte, dass einer von ihnen nach seinen Beinen schnappte und dass einer sich an seine Kehle hängte.

Textwerkstatt
Seite 179, 182, 184

Aber die Kinnladen und die Zähne, mit denen die Hunde beißen wollten, gehorchten ihnen nicht und der Mann litt nicht den kleinsten Schaden. Nun wollte er weitergehen, um das zu finden, was er brauchte. Aber die Schafe lagen so dicht nebeneinander, Rücken an Rücken, dass er nicht vorwärts kommen konnte. Da stieg der Mann auf die Rücken der Tiere und wanderte über sie hin dem Feuer zu. Und keins von den Tieren wachte auf oder regte sich.

So weit hatte die Großmutter ungestört erzählen können, aber nun konnte ich es nicht lassen, sie zu unterbrechen. „Warum regten sie sich nicht, Großmutter?“, fragte ich. „Das wirst du nach einem Weilchen schon erfahren“, sagte Großmutter und fuhr mit ihrer Geschichte fort.

Als der Mann fast beim Feuer angelangt war, sah der Hirte auf. Es war ein alter Mann, der unwirsch und hart gegen alle Menschen war. Und als er einen Fremden kommen sah, griff er nach einem langen, spitzigen Stabe, den er in der Hand zu halten pflegte, wenn er seine Herde hütete, und warf nach ihm. Und der Stab fuhr zischend gerade auf den Mann los, aber ehe er ihn traf, wich er zur Seite und sauste an ihm vorbei, weit über das Feld.

Als Großmutter so weit gekommen war, unterbrach ich sie abermals. „Großmutter, warum wollte der Stock den Mann nicht schlagen?“ Aber Großmutter ließ sich nicht einfallen, mir zu antworten, sondern fuhr mit ihrer Erzählung fort.

Nun kam der Mann zu dem Hirten und sagte zu ihm: „Guter Freund, hilf mir und leih mir ein wenig Feuer. Mein Weib hat eben ein Kindlein geboren und ich muss Feuer machen, um sie und den Kleinen zu erwärmen.“ Der Hirt hätte am liebsten Nein gesagt, aber als er daran dachte, dass die Hunde dem Manne nicht hatten schaden können, dass die Schafe nicht vor ihm davongelaufen waren und dass sein Stab ihn nicht fällen wollte, da wurde ihm ein wenig bange, und er wagte es nicht, dem Fremden das abzuschlagen, was er begehrte. „Nimm, so viel du brauchst“, sagte er zu dem Manne.

Aber das Feuer war beinahe ausgebrannt. Es waren keine Scheite und Zweige mehr übrig, sondern nur ein großer Gluthaufen, und der Fremde hatte weder Schaufel noch Eimer, worin er die roten Kohlen hätte tragen können. Als der Hirte dies sah, sagte er abermals: „Nimm, so viel du brauchst!“ Und er freute sich, dass der Mann kein Feuer wegtragen konnte. Aber der Mann beugte sich hinunter, holte die Kohlen mit bloßen Händen aus der Asche und legte sie in seinen Mantel.
Und weder versengten die Kohlen seine Hände, als er sie berührte, noch versengten sie seinen Mantel, sondern der Mann trug sie fort, als wenn es Nüsse oder Äpfel gewesen wären.

Aber hier wurde die Märchenerzählerin zum dritten Mal unterbrochen.
„Großmutter, warum wollte die Kohle den Mann nicht brennen?“
„Das wirst du schon hören“, sagte Großmutter und dann erzählte sie weiter.

Als dieser Hirte, der ein mürrischer Mann war, dies alles sah, begann er sich bei sich selbst zu wundern: „Was kann dies für eine Nacht sein, wo die Hunde die Schafe nicht beißen, die Schafe nicht erschrecken, die Lanze nicht tötet und das Feuer nicht brennt?“ Er rief den Fremden zurück und sagte zu ihm: „Was ist dies für eine Nacht? Und woher kommt es, dass alle Dinge dir Barmherzigkeit zeigen?“ Da sagte der Mann: „Ich kann es dir nicht sagen, wenn du selber es nicht siehst.“ Und er wollte seiner Wege gehen, um bald ein Feuer anzünden und Weib und Kind wärmen zu können.
Aber da dachte der Hirt, er wolle den Mann nicht ganz aus dem Gesicht verlieren, bevor er erfahren hätte, was dies alles bedeute. Er stand auf und ging ihm nach, bis er dorthin kam, wo der Fremde daheim war.
Da sah der Hirt, dass der Mann nicht einmal eine Hütte hatte, um darin zu wohnen, sondern er hatte sein Weib und sein Kind in einer Berggrotte liegen, wo es nichts gab als nackte, kalte Steinwände.
Aber der Hirt dachte, dass das arme unschuldige Kindlein vielleicht dort in der Grotte erfrieren würde, und obgleich er ein harter Mann war, wurde er davon doch ergriffen und beschloss, dem Kind zu helfen.

Und er löste sein Ränzel von der Schulter und nahm daraus ein weiches weißes Schaffell hervor. Das gab er dem fremden Manne und sagte, er möge das Kind darauf betten.
Aber in demselben Augenblick, in dem er zeigte, dass auch er barmherzig sein konnte, wurden ihm die Augen geöffnet, und er sah, was er vorher nicht hatte sehen, und hörte, was er vorher nicht hatte hören können.
Er sah, dass rund um ihn ein dichter Kreis von kleinen, silberbeflügelten Englein stand. Und alle sangen sie mit lauter Stimme, dass in dieser Nacht der Heiland geboren wäre, der die Welt von ihren Sünden erlösen sollte.
Da begriff er, warum in dieser Nacht alle Dinge so froh waren, dass sie niemandem etwas zu Leide tun wollten. Und nicht nur rings um den Hirten waren Engel, sondern er sah sie überall. Sie saßen in der Grotte und sie saßen auf dem Berge und sie flogen unter dem Himmel. Sie kamen in großen Scharen über den Weg gegangen, und wie sie vorbeikamen, blieben sie stehen und warfen einen Blick auf das Kind.
Es herrschte eitel Jubel und Freude und Singen und Spiel, und das alles sah er in der dunklen Nacht, in der er früher nichts zu gewahren vermocht hatte. Und er wurde so froh, dass seine Augen geöffnet waren, dass er auf die Knie fiel und Gott dankte.

Aber als Großmutter so weit gekommen war, seufzte sie und sagte: „Aber was der Hirte sah, das könnten wir auch sehen, denn die Engel fliegen in jeder Weihnachtsnacht unter dem Himmel, wenn wir sie nur zu gewahren vermögen." Und dann legte Großmutter ihre Hand auf meinen Kopf und sagte: „Dies sollst du dir merken, denn es ist so wahr, wie dass ich dich sehe und du mich siehst. Nicht auf Lichter und Lampen kommt es an, und es liegt nicht an Mond und Sonne, sondern was Not tut, ist, dass wir Augen haben, die Gottes Herrlichkeit sehen können."

Selma Lagerlöf

Weihnachten

Markt und Straßen stehn verlassen,
still erleuchtet jedes Haus,
sinnend geh ich durch die Gassen,
alles sieht so festlich aus.

An den Fenstern haben Frauen
buntes Spielzeug fromm geschmückt,
tausend Kindlein stehn und schauen,
sind so wunderstill beglückt.

Und ich wandre aus den Mauern
bis hinaus ins freie Feld,
hehres Glänzen, heil'ges Schauern!
Wie so weit und still die Welt!

Sterne hoch die Kreise schlingen,
aus des Schnees Einsamkeit
steigt's wie wunderbares Singen –
O du gnadenreiche Zeit!

Joseph von Eichendorff

Buon Natale

Gelukkig Kerstfeest

God Jul

Kellemes Karacsony

Feliz Navidad

Cestitamo Bozic

S Rozhdestwom Kristovym

Wesolyzh Swiat

Merry Christmas

Haroumena Hristougena

Joyeux Noël

Frohe Weihnachten und
ein glückliches neues Jahr

Textwerkstatt
Seite 183, 184

Es tickt die Zeit. Das Jahr dreht sich im Kreise.
Und werden kann nur, was schon immer war.
Geduld, mein Herz. Im Kreise geht die Reise.
Und dem Dezember folgt der Januar.

Erich Kästner

Der Tag der wahren Entscheidungen – 2. Januar

„Welchen Tag haben wir heute?“, fragte Nico, das Eichhörnchen, und schlug ein Auge auf.
Da niemand da war, der ihm antwortete, schlief er bald wieder ein.
Einige Stunden später wachte er wieder auf. Dieses Mal war er nicht mehr müde. Er stieg von seinem Baum herunter, um bei seinem Freund Julius einen Kaffee zu trinken. Julius schlief noch, zusammengerollt hinten in seinem Bau. Julius war ein etwas träger Fuchs, der sich nicht dazu durchringen konnte, bei seiner Mutter auszuziehen. Die räumte gerade auf und sagte zu Nico, dass man ihren Sohn nicht wecken dürfe, denn er sei müde. Enttäuscht darüber, mit niemandem plauschen zu können, bestieg Nico wieder seinen Baum, betrat seinen Kobel, legte seinen buschigen Schwanz um den Kopf und schloss die Augen.
„Am zweiten Tag des Jahres“, so dachte er, „da muss man die echten Entscheidungen treffen. Nicht die heuchlerischen, vagen Vorsätze des ersten Januars. Für dieses Jahr nehme ich mir vor, nur das zu tun, was angenehm ist und Spaß macht. Punkt. Aus.“
Und dann schlief er wieder ein.

Grégoire Solotareff

Textwerkstatt
Seite 184

Zeiten und Räume

Das Meer der Ruhe

Vor vielen Jahren lebte einmal ein Junge, bei dem hing das Sonnensystem an der Wand. Spätabends, wenn er im Bett lag, betrachtete er die Planeten auf ihrer Reise um die Sonne. Doch von all diesen Welten hatte er am liebsten den Mond.

Nachts stand er am Fenster, die Arme aufgestützt, und sah den Mond über der Keksfabrik aufgehen und langsam in den Himmel steigen.

Er lieh sich Vaters Fernglas und starrte stundenlang auf die weiten Wüsten und schroffen Berge.

Er holte sich Bücher aus der Bibliothek und las von Astronauten, die die Erde umkreist hatten und sogar rund um den Mond geflogen waren. Er hoffte so sehr, dass sie es irgendwann schaffen würden, auf der kleinen Welt zu landen und dort spazieren zu gehen. Und endlich, in einer klaren Nacht, taten sie es wirklich.
Mitternacht war längst vorüber, doch er war hellwach.
Er stand am Fenster.

Zwei Astronauten gingen genau in dem Moment auf dem Mond spazieren, mehr als 300 000 Kilometer über seinem Schlafzimmer.

Um drei Uhr morgens lief er nach unten und schaltete den Fernseher ein. Und da waren sie: Auf dem flimmernden Bildschirm hüpften sie langsam durch den Staub im Meer der Ruhe. Wie Riesen in Zeitlupe. Er blieb die ganze Nacht lang auf und ging erst schlafen, als es dämmerte. Draußen vor dem Fenster ging die Sonne auf, und der Mond verblasste rasch. Er schlief ein, und im Traum war er als Dritter dabei.

Textwerkstatt
Seite 172, 176, 179, 182

Dieser Junge war ich. Ich bin älter geworden. Die Wandkarte mit dem Sonnensystem ist längst in Fetzen. Doch in klaren Nächten sitze ich manchmal immer noch am Fenster und gucke in den Mond, die kleine, weit entfernte Welt. Ich stelle mir vor, wie kalt und dunkel es da oben ist. Kein Wind. Keine Wolken. Kein Wasser. Kein blauer Himmel.

Nur Steine und Staub. Vollkommene Ruhe. Niemals bewegt sich etwas, jahraus, jahrein. Und dann denke ich an die beiden Astronauten und denke daran, dass die Spuren, die sie mit ihren großen Stiefeln hinterlassen haben, noch immer da sind, heute Nacht, morgen Nacht, jede Nacht. Millionen Jahre lang.

Text: Mark Haddon
Bilder: Christian Birmingham

Raketen, Satelliten, Raumfahrt ins All

Neil Armstrongs Fußabdruck

Am 20. Juli 1969 betrat zum ersten Mal ein Mensch den Mond. Es war der Amerikaner Neil Armstrong.
Dabei sprach er die berühmten Worte: „Ein kleiner Schritt für einen Menschen, aber ein gewaltiger Schritt für die Menschheit."

Der erste deutsche Weltraumfahrer im All war Sigmund Jähn aus Sachsen. Er flog am 26. August 1978 zur russischen Raumstation Saljut 6.

Die europäische Rakete Ariane 5

Wofür braucht man Raketen?

Alles, was von der Erde ins All soll, muss mit Raketen transportiert werden: Raumsonden, Raumstationen, Satelliten und Raumkapseln. Die Raketen bringen zum Beispiel Satelliten ins All und sorgen dafür, dass sie genau in die richtige Umlaufbahn kommen. Da schweben die Satelliten dann alleine weiter – die Rakete wird nicht mehr gebraucht.

Alle brauchen eine Rakete

Sogar der Spaceshuttle startet mit Hilfe von Raketen. Beim Start hat er auf beiden Seiten zusätzlich je eine riesige Hilfsrakete – so genannte Booster. Diese werden aber schon bald nach dem Start abgeworfen, sobald sie ausgebrannt sind.

Der Spaceshuttle mit seinen beiden Boostern

Textwerkstatt
Seite 179

Die russische Raumstation Mir

Wettersatelliten

Die Wettersatelliten beobachten das Wetter. Sie messen und dokumentieren. Diese Daten senden die Satelliten dann zur Erde. Spezialisten können eine Wettervorhersage erstellen, indem sie Wind und Regen beobachten und die Temperatur von Boden und Luft messen. Die Wolkenbilder, die Wettersatelliten machen, kennst du bestimmt aus der Wettervorhersage.

Für die Wettervorhersage sind Satelliten sehr wichtig.

Die Raumstation „Mir"

Die Mir war eine sowjetisch-russische Raumstation. Sie ist etwas ganz Besonderes in der Geschichte der Raumfahrt. Auf Deutsch übersetzt bedeutet Mir „Frieden". Im Jahr 1986 wurde das erste Teil – das Basismodul – ins All gebracht. Die Mir flog insgesamt 5 Jahre lang um die Erde und umrundete diese dabei rund 90 000 Mal. Sie war länger in Betrieb als irgendein anderes Raumschiff zuvor und die Kosmonauten – so nennt man in Russland die Astronauten – haben Tausende von medizinischen und weiteren Experimenten an Bord gemacht. Während dieser langen Zeit haben die Mir und ihre Besatzung viele Erfolge erlebt, aber auch manche Pannen bewältigt.

ISS – die Riesen-Libelle

Die ISS ist die internationale Raumstation. Viele Länder arbeiten zusammen an diesem Projekt. Die ISS ist so groß, dass die Teile einzeln in den Weltraum gebracht werden müssen. Dort bauen die Astronauten sie dann zusammen. Die ISS wächst von Jahr zu Jahr.

Die internationale Raumstation ISS

Deutsches Zentrum für Luft- und Raumfahrt e. V.

Interview mit Sigmund Jähn, einem Raumfahrer aus Sachsen

Die Erde vom Weltraum aus gesehen

Müller-Wallraf: Wie war das damals, als Sie zusammen mit einem russischen Raumfahrer ins Weltall fliegen konnten?

Sigmund Jähn: Es gab ein Weltraumprogramm für einen gemeinsamen Flug auf eine russische Weltraumstation. Sie fliegt für viele Jahre um die Erde und kommt auch nicht mehr zurück. Wenn sie nicht mehr tauglich ist, fällt sie in den Ozean. Und diese Raumstation kann man mit kleineren Raumschiffen, die ungefähr so groß sind wie ein Auto, anfliegen.

Müller-Wallraf: Wie lange waren Sie unterwegs?

Sigmund Jähn: Das war so: In der russischen Raumstation Saljut 6 waren zwei Kosmonauten, so nennt man in der russischen Raumfahrt die Raumfahrer, die flogen damals schon siebzig Tage um die Erde. Und die haben wir aufgesucht. Wir sind mit der Rakete Sojus 31 gestartet und waren länger als eine Woche unterwegs.

Müller-Wallraf: Bevor Sie losgeflogen sind, hatten Sie da Angst?

Sigmund Jähn: Also Angst darf man dabei nicht haben. Aber aufgeregt ist man natürlich schon. Zuerst wird man mit einem Fahrstuhl in das Raumschiff an der Spitze der Rakete gefahren, und die ist ungefähr fünfzig Meter hoch, also wie ein großer Kirchturm. Wenn man dann in dem Raumschiff sitzt, sieht man zunächst gar nichts mehr, denn es ist mit einem Schutzschild abgedeckt. Dann geht es mit einem Riesenkrawall los. Die Rakete hebt ab, wird schneller, immer schneller. Das poltert und kracht und dröhnt schon ganz schön in den Ohren. Dann fliegt nach ein paar Minuten die Verkleidung weg, die um das Raumschiff herum war.

Textwerkstatt
Seite 179

Müller-Wallraf: Dann ist man aber schon hoch in der Luft?

Sigmund Jähn: Dann ist man schon ungefähr 50 km hoch über der Erde und die Rakete wird immer schneller, schneller, schneller. Man sieht dann schon, wenn die Verkleidung weg ist, dass der Himmel wieder hell ist.
Und plötzlich gab es dann noch einmal einen Knall, als das Raumschiff von der Rakete abgesprengt wurde, und dann waren wir schwerelos. Wir saßen im Raumschiff und ich hatte ein ganz komisches Gefühl. Die Hände bewegten sich so locker, obwohl man angeschnallt war.

Müller-Wallraf: Von alleine?

Sigmund Jähn: Ja, man ist eben schwerelos. Das ist ja wohl das Schönste, was ein Raumfahrer erleben kann, wenn er plötzlich sein Körpergewicht nicht mehr spürt. Und dann, muss ich sagen, etwas Schöneres habe ich noch nicht erlebt: Man sieht, dass die Erde rund ist, richtig mit den Wolkenwirbeln. Und dann die wunderschöne blaue Atmosphäre. Nicht umsonst heißt die Erde ja der Blaue Planet. Und dass man immer die schöne blaue Erde, die man richtig lieb gewinnt, von da oben sieht und man immer daran denkt, dass unser Blauer Planet vielleicht der schönste ist, den es im Weltall gibt.

Sigmund Jähn und Valerij Bykowski an Bord

Die Sojus 31, bereit zum Start

Dort, wo die Welt aufhört

Dort, wo die Welt aufhört,
am Horizont,
habe ich die Sonne ins Wasser fallen sehen.
Von einer Sekunde zur anderen
sank sie hinter der glatten Meeresscheibe
ins Nichts.

Wenn ich nicht wüsste,
dass die Erde rund ist,
würde ich denken,
die Sonne sei für immer versunken.
Aber Gott sei Dank habe ich ja gelernt
nicht nur meinen Augen zu trauen.

Roswitha Fröhlich

Abendlied

Der Mond ist aufgegangen,
Die goldnen Sternlein prangen
Am Himmel hell und klar;
Der Wald steht schwarz und schweiget,
Und aus den Wiesen steiget
Der weiße Nebel wunderbar.

Wie ist die Welt so stille,
Und in der Dämm'rung Hülle
So traulich und so hold!
Als eine stille Kammer,
Wo ihr des Tages Jammer
Verschlafen und vergessen sollt.

Seht ihr den Mond dort stehen? –
Er ist nur halb zu sehen,
Und ist doch rund und schön!
So sind wohl manche Sachen,
Die wir getrost belachen,
Weil unsre Augen sie nicht sehn.

Matthias Claudius

Schlaflied

Schlaf, mein Kindchen, so schlaf schon ein,
so schlaf doch und weine nicht mehr.
Sieh nur, im Schlaf ist die Welt ja dein,
so schlaf schon und wein nicht so sehr.

Schließe die Augen und schlafe schon,
hör nur, es rauschet der Wald.
Im Schlafe, da gibt es nicht Hass, nicht Hohn,
im Schlafe, da ist es nicht kalt.

Schlafe, mein Liebling, und lächle, Kind,
höre, der Fluss singt sein Lied.
Schlafe, dann singt dir vom Glück der Wind
und singt dir vom Frühling, der blüht.

Schlafe, mein Kind, und vergiss,
was dich schmerzt,
dunkel ist für dich der Tag.
Hell ist die Nacht, wenn der Traum dich herzt,
so schlafe, mein Kindchen, so schlaf.

Selma Meerbaum-Eisinger, Januar 1941

Textwerkstatt
Seite 181

Heute Nacht ist viel passiert

Heute Nacht war es laut im Haus. Ich bin wach geworden. Es waren viele Stimmen da. Großvater hat geschrien: „Die Synagoge brennt!“ Ich habe noch nie gehört, wie Großvater schreit. Vater hat immer gesagt: „Ruhe! Ruhe!“, und Mutter: „Die Kinder! Still, die Kinder!“ Sie sind alle hin und her gelaufen und haben die Fenster auf- und zugemacht. Es hat nicht aufgehört. Ich bin unter die Decke gekrochen, auch mit dem Kopf, und hab große Angst gehabt. Heute morgen hat Mutter gesagt, wir sollen beim Haus bleiben und spielen. Nachher hat Franz gesagt: „Wir gehen zur Synagoge.“ „Nein!“, hab ich geschrien. „Sie brennt, sie brennt – wie eine Fackel!“ Aber er hat gesagt, es ist nur noch Rauch, und er will sie sehen. Da bin ich mitgegangen. Unterwegs hat er gesagt: „Heute Nacht ist viel passiert.“ An der Synagoge war es still. Manche Leute haben auf der anderen Seite gestanden. Wir sind nah rangegangen. Sie hat nicht mehr gebrannt. Aber ich hab das Feuer gerochen. An manchen Stellen ist auch noch Rauch rausgekommen. „Es ist die Judenkirche“, hat Franz gesagt. Wir sind dann zu Tante Hanna gegangen. Der Mann, dem ihr Geschäft gehört, gibt uns immer Bonbons aus einem riesengroßen Glas. Jeder kriegt eins, jedes Mal. Wir waren sehr erschrocken: Sie haben das Geschäft kaputtgemacht. Die Scheiben sind zersplittert. Es knirscht unter den Schuhen. Innen liegen überall Stoffe und andere Sachen auf der Erde. Die Regale sind umgekippt. Tante Hanna ist sofort rausgekommen und hat gesagt, wir sollen schnell wieder nach Hause gehen. Eine Frau hat geschrien: „Das ist ja schrecklich!“ Tante Hanna hat gesagt: „Bloß, weil sie Juden sind.“ Und sie hat auf einen Stern gezeigt. Er ist auf die Wand gemalt, mit Kreide, ganz dick und schwarz.

Die Frau hat gesagt:
„Sie haben doch keinem was
getan.“ Tante Hanna hat wieder
gesagt: „Bloß, weil sie Juden sind!“
Franz hat mich weggezogen.
Ich hab ihn gefragt, wer es getan
hat. Er weiß es nicht. Vielleicht
kriegen wir nie mehr Bonbons.
Am meisten bin ich traurig,
weil der Name über der Tür
verschmiert ist.
Man kann nicht mehr viel sehen.
Es ist ein komischer Name.
Er heißt: Lustig.
Ich möchte gerne Lustig heißen.
Er war so schön geschrieben,
wie gemalt, weiß und blau.
Jetzt ist er kaputt.
Ich hab lange wach gelegen
und an die Synagoge und
Tante Hannas Geschäft gedacht.

Margaret Klare

Marc Chagall: Der Krieg

Judith und Lisa

Die Geschichte von zwei Freundinnen im Jahr 1938

Judith und Lisa waren die besten Freundinnen, die man sich denken konnte. Sie wohnten einander gegenüber, sie spielten zusammen, lachten, waren manchmal traurig und ab und zu stritten sie sich auch. Aber sie versöhnten sich immer wieder schnell, weil sie sich sehr lieb hatten.

Lisa und Judith kamen zusammen in die Schule und sie saßen nebeneinander. Eines Tages wurde im Schulzimmer an der Wand ein großes Bild aufgehängt. Da war der Mann mit dem Bärtchen drauf, den man jetzt so oft sah.

Der Vater hatte auf Judiths Fragen geantwortet, dass dieser Mann so etwas wie ein böser Kaiser sei. Und die Kinder und Erwachsenen sagten zur Begrüßung nicht mehr „Guten Morgen“, sondern „Heil Hitler“.

In der Schule lernt man Lesen und Schreiben, Rechnen und Musik und vieles andere mehr. Judith und Lisa lernten jetzt auch, dass es gute Menschen gab, die fast immer blond, blauäugig, stark und deutsch waren. Böse Menschen, erklärte die Lehrerin, hätten meistens dunkle Haare, krumme Nasen und einen falschen Blick. Das seien die Juden. Und die Lehrerin sagte: „Der Jude ist die größte Gefahr für das deutsche Volk. Deswegen müssen wir alle gegen ihn kämpfen, wo er uns auch begegnet!“ Judith war still geworden. Papa hatte neulich zu Mama gesagt: „Wir sind zwar Juden, aber uns tun ‚die‘ bestimmt nichts.“ Mit ‚die‘ hatte er die Männer in den schwarzen Stiefeln und braunen Hemden gemeint und den Mann mit dem Bärtchen.

Textwerkstatt
Seite 172, 174, 176

Judith fasste ihre dunklen Zöpfe an und schaute verwirrt auf die Lehrerin.
Oft marschierten die Männer mit den schwarzen Stiefeln durch die Straßen. Jedermann sollte sehen, dass der Mann mit dem Bärtchen der größte Führer der Menschheit sei, und alle standen am Straßenrand, schrien „Heil Hitler!“ und winkten. Judith hätte auch gern wie Lisa ein Fähnchen gehabt, aber die Eltern hatten ihr verboten, damit zu winken.

Die Kinder lernten, dass es schlechte Bücher gäbe. Meistens hätten Juden sie geschrieben. Damit die Seele der Kinder nicht vergiftet würde, hätte man diese Bücher alle verbrannt. Schlechte Bilder, die auch oft Juden gemalt hätten, gäbe es ebenfalls nicht mehr, denn diese Maler dürften nicht mehr malen.

Alle Kinder, auch Judith und Lisa, sollten zu Hause einmal nachsehen, was für Bilder an den Wänden hingen und der Lehrerin davon erzählen. Da fühlte sich fast jeder in der Klasse auf einmal stark. Es war praktisch, jemanden zu haben, der an allem schuld war. Vielleicht waren die Juden auch schuld daran, dass fast nichts in der Schultüte gewesen war oder dass der Papa keine Arbeit fand oder dass die Wohnung zu eng war. Sicher ginge es ihnen allen besser, wenn es keine Juden gäbe.
Judith aber war nicht mehr gern in der Schule.

Die Freundschaft von Judith und Lisa wurde immer wieder auf die Probe gestellt.
„Setz dich nach hinten, Judith“, sagte die Lehrerin, und Judith musste ganz allein in der letzten Bank sitzen. Die anderen Kinder sahen sie neugierig an und außer Lisa sprach niemand mehr mit ihr.
In der Pause sprangen die Kinder alle um Judith herum und schrien: „Judenmädchen! Judenmädchen!“ Lisa aber rannte zu Judith und legte schützend den Arm um sie. Da wurden die Kinder still.
Judith durfte nicht mehr mit Lisa in die Badeanstalt gehen und sie sollte auch nicht mehr mitturnen.
An vielen Gaststätten hing das Schild: „Juden unerwünscht!“. Und eines Tages konnte man an der Apotheke von Judiths Eltern ein Schild lesen: „Deutsche! Wehrt euch! Kauft nicht bei Juden!“. Lisa war verwirrt darüber, denn sie hatte Judith lieb, und auch Judiths Eltern sprachen immer so nett und fröhlich zu ihr. Sie konnte keinen Unterschied zwischen sich und einem jüdischen Mädchen wie Judith entdecken.

„Spiel nicht mehr so oft mit Judith“, sagte Lisas Mutter ängstlich, „es muss ja nicht unbedingt dieses Kind sein!“
Von jetzt ab ging Lisas Mutter auch nicht mehr in die Apotheke zu Judiths Eltern, sondern fuhr viele Straßen weiter zu einem anderen Geschäft.

Lisa und Judith mussten sich Geheimzeichen ausdenken, wenn sie sich besuchen wollten. Sie winkten einander von den Fenstern und dem Balkon her zu.

Dreimal winken hieß: „Ich komme zum Spielen!“ Und dreimal die Faust zeigen hieß: „Komm jetzt lieber nicht – meine Eltern sind da!“ „Sprich nicht mehr mit Judith“, beschwor die Mutter Lisa, „sonst bekommen wir Schwierigkeiten.“ Lisa verstand nicht, weshalb sich die Mama fürchtete. „Frag nicht so viel, das verstehst du noch nicht“, sagten die Eltern, „man muss eben vorsichtig sein heutzutage!“ Eines Nachmittags gab Lisa das Zeichen für Judith, dass sie zusammen spielen konnten. Am liebsten spielten sie im Augenblick die Geschichten von den drei Bären im Walde nach. Jede hatte einen Bären, Judith den Puhz, Lisa den Jochen, und das Wollbäckchen, das gehörte ihnen gemeinsam. Mit dem kleinsten Bären wollten eigentlich immer beide spielen. Heute war ein seltsamer Tag. Lisa fühlte sich auf einmal anders als Judith. „Ich spiele von jetzt ab immer mit dem Wollbäckchen“, bestimmte sie.

Als Judith sich weigerte, sagte Lisa plötzlich von oben herab: „Du bist ja sowieso nur ein Judenmädchen!“ Es wurde ganz still. Judith ließ das Wollbäckchen fallen und stand auf. Sie nahm ihren Bären Puhz in die Hand und lief, so schnell sie konnte, die Treppe hinunter. Lisa blieb zurück. Trotzig und verlegen zugleich schimpfte sie auf Judith und warf dann wütend die Bären in die Ecke. Judith kam am nächsten Tag nicht in die Schule. Auch an den folgenden Tagen fehlte sie. Niemand sprach mehr über sie. Lisa tat der Streit um das Wollbäckchen schnell Leid, aber auch am Fenster war Judith nicht mehr zu sehen, und die Eltern verboten ihr, zu Judiths Haus zu gehen.

Elisabeth Reuter

Das bin ich

Wenn Herzen klopfen

Liebe ist ein Gefühl,
das prickelt manchmal wie
Limonade

oder flattert wie
lauter Schmetterlinge

oder breitet sich
wie Watte
im ganzen Magen aus.

Er geniert sich.

Manchmal ist Liebe so,
als würde einem
ein Eimer rote Farbe
über den Kopf gekippt.
Das kann recht
unangenehm sein.

Textwerkstatt
Seite 176

Liebe kann einen verliebt machen.

Dann fangen die Augen an zu leuchten und zu funkeln und die Backen werden rot und die Ohren auch.

Man gleicht eher einer Blume, die blüht, als einem Menschen.

Verliebt = in einem rosa Schimmer herumlaufen und über Sachen stolpern oder über Hunde.

Text und Bilder: Pernilla Stalfelt

Rezept für Liebestrank

Ein Liebestrank ist hilfreich, wenn man möchte, dass sich jemand in einen verliebt.

Draußen muss Vollmond sein. Stell dich unter einen Baum.

Nimm einen roten Apfel. Presse Saft heraus.	5 Tropfen
Nimm eine Zitrone. Presse Saft heraus.	10 Tropfen
Nimm etwas Wasser aus einem See.	7 Tropfen
Nimm etwas Mondgeglitzer.	Eine Hand voll
Nimm ein paar Rosenblätter.	5 Stück
Nimm etwas Rosmarin.	Eine Prise
Nimm etwas Fledermausblut. (Wenn du willst, geht auch Soja.)	3 Tropfen
Nimm eine Ameise.	Eine Ameise

Mische alles gut und singe dabei das schönste Lied, das du kennst.
Gieße das Gemisch dann in dein allerschönstes Glas.
Stell das Glas auf die Erde und schreibe davor
mit Tannenzapfen oder Zweigen
den Namen deines Schatzes.
Reiche das Glas der Person, die sich in dich verlieben soll.

Liebe gibt es in allen Sprachen:

Englisch, Deutsch, Französisch und vielleicht auch auf dem Mars.

Pernilla Stalfelt

Textwerkstatt Seite 176

Willst du mit mir gehen?

Flo hat sich verliebt. Und wie! Jetzt muss ich einen kühlen Kopf bewahren und Flo fachmännisch beraten.

Es klingelt. Da ist er auch schon.

„Die erste Frage, die jetzt geklärt werden muss, ist: Was ist Verknalltsein?", sage ich völlig cool.

„Muss das sein?", stöhnt Flo. „Ich wollte eigentlich mit dir den ersten Brief an sie schreiben."

Aber ich habe schon den Bleistift in der Hand und mache zwei Kästchen.

„Ja, was ist Verknalltsein?", frage ich Flo noch einmal.

„Man ist völlig weg", sagt er. Und kratzt sich am Kopf. „Ich hab jede Nacht Wahnsinnsträume, nur von ihr."

Flo lächelt selig.

„Ich will sie anrufen, wähle die Nummer, lege aber wieder auf."

Flo fährt sich mit den Händen durch die Haare. „Schmetterlinge im Bauch, Schweißausbrüche und Herzrasen." Flo seufzt. Flos Papa ist Arzt, da hört er solche Aufzählungen jeden Tag.

„Halt, nicht so schnell", sage ich. „So schnell kann ja der schnellste Mensch der Welt nicht schreiben."

Aber Flo redet einfach weiter.

„Ich werde tomatenrot, jedes Mal wenn ich sie sehe." Flo wird knallrot.

„Und wer ist ‚sie'?", frage ich Flo.

„Musst du raten", sagt Flo. „Also: Sie hat einen Kopf."

Klar, denke ich, hat es schon mal ein Mädchen ohne Kopf gegeben?

Flo ist völlig weggetreten. Vor lauter Verliebtsein.

„Wenn sie den Mund aufmacht, kommen Worte heraus."

Ich schaue Flo entgeistert an. Der ist doch völlig abgedreht.

Da ruft meine Ma. Sie will mit mir Turnschuhe kaufen gehen. Ist so abgemacht. Ich muss meinen Freund Flo alleine lassen. Leider.

Er flüstert mir noch einiges sehr Wichtiges zu. Das dauert. Das werde ich nachher alles aufschreiben.

In der Nacht entwerfe ich einen Fragebogen. Es dauert, es fällt mir immer wieder Neues ein. Es wird später und später, und mein Fragebogen wird immer besser. Folgendes steht jetzt da:

Woran merkt man, dass man verliebt ist?	Ankreuzen	
1. Denkst du oft an ein bestimmtes Mädchen?	Ja ☐	Nein ☐
2. Wenn du sie siehst: Wirst du rot?	Ja ☐	Nein ☐
3. Klopft dein Herz?	Ja ☐	Nein ☐
4. Möchtest du mit ihr sprechen?	Ja ☐	Nein ☐
5. Denkst du auch nachmittags immer an sie?	Ja ☐	Nein ☐
6. Möchtest du mit ihr spielen, z. B. Federball oder Monopoly? Oder malen oder Pflanzen pressen?	Ja ☐	Nein ☐
7. Möchtest du ihr etwas schenken?	Ja ☐	Nein ☐
8. Träumst du nachts von ihr?	Ja ☐	Nein ☐
9. Möchtest du in der Schule neben ihr sitzen?	Ja ☐	Nein ☐
10. Willst du sie irgendwann heiraten?	Ja ☐	Nein ☐
11. Willst du mit ihr gehen, auch wenn die anderen lachen?	Ja ☐	Nein ☐
12. Mag sie dich auch?	Ja ☐	Nein ☐

Auflösung:

a) Wenn du zwölfmal Ja hast, musst du sofort zu ihr gehen. Du bist für sie bestimmt.

b) Wenn du neunmal Ja hast, mögt ihr euch, es kommt aber auch auf sie an.

c) Wenn du siebenmal Ja hast, überstürze nichts und mache den Fragebogen immer wieder neu. Vielleicht verändert sich etwas und du kommst der Entscheidung immer näher.

Am nächsten Tag rede ich mit Flo. Eins versteh ich noch nicht.
„Warum kann man nicht schreiben: Du, ich glaube, ich mag dich.
Ich möchte dich kennen lernen? Eigentlich ist das doch das Ehrlichste."
„Nein", sagt Flo, „es geht nicht."
Schließlich entwerfen wir vier Typen von Liebesbriefen.

Typ 1 sieht so aus:

> *Willst du mit mir gehen?*
> *Ja* ☐ *Nein* ☐
> *Zutreffendes ankreuzen.*
> *Unterschrift: ....*

Dieser Brief ist natürlich ganz neutral.

Typ 2:

> *Du, ich würde mit dir mal gerne ein Eis essen. Kommst du um fünf Uhr in die Eisdiele?*

Bei diesem Brief bleibt alles offen. Man sagt nichts über den Grund und über die eigenen Gefühle.

Typ 3:

> *Du, ich glaube, ich mag dich.*
> *Ich möchte dich kennen lernen.*

Der ist ehrlicher und offener. Der sagt auch etwas über die Gefühle aus.

Typ 4:

> *Ich mag dich, seitdem ich dich zum ersten Mal gesehen habe. Ich mochte es nur nicht sagen. Aber jetzt sag ich es, weil ich gerne mit dir gehen möchte.*

Der Brief legt alles offen.

Flo entschließt sich für Typ 2.
Das Ganze auf einem einfachen weißen Briefbogen. Danach werfen wir gemeinsam den Brief in den Briefkasten. Mal sehen, was draus wird.

Elisabeth Zöller

Als Konrad zum ersten Mal verliebt war

Als Konrad zum ersten Mal verliebt war, geriet ihm alles durcheinander. Meer- und Berggefühl, die Oma-Anna-Traurigkeit und das Flugzeugkribbeln, kein Anfang, kein Ende. Alles war nur ein einziger heißer Stich in seiner Brust, keine Ahnung woher, keine Ahnung wohin. „Kommst du am Samstag zu meinem Geburtstag?“, fragte ihn Annika, als sie wie immer auf dem Heimweg von der Schule zusammen durch den Stadtpark gingen. Konrad sah Annikas Spiegelbild im blaugrünen Wasser des Teichs. Er sah ihre Beine, ihr Wollkleid, ihren Schulranzen, ihre windzerzausten Haare und dachte: Sie sieht aus wie eine Fee.

Zum ersten Mal hatte Annika Konrad eingeladen, zum ersten Mal hatte sie gemerkt, dass es Konrad gibt. Und auf einmal merkte Konrad, wie sehr er darauf gewartet hatte. Vor Schreck blieb ihm die Sprache weg und er konnte nur noch nicken. Annika fasste unter die Riemen ihres Schulranzens, lächelte, dann drehte sie sich um und hüpfte über den sandigen Weg davon. Am Ausgang des Stadtparks drehte sie sich noch einmal um und rief: „Um drei!“ Und Konrad nickte wieder. Annika stand eine Weile vor der Ampel. Dann ging sie zwischen vielen anderen Menschen über die Straße. Zweihundert Meter noch auf der anderen Seite, dann musste Annika rechts ab in die Auguststraße, da war der Block, in dem sie wohnte. Konrad sah hinter ihr her. Als hätte sie seinen Blick gespürt, drehte sich Annika, bevor sie abbog, noch einmal um und winkte zu Konrad herüber. Konrad winkte zurück.

Dann verschwand Annika zwischen den Menschen, den Autos und den Häusern. Konrad war ganz dumm vor Glück. Er lief in den Park zurück, griff den untersten Ast der Kletterbuche und ließ sich hin und her pendeln. Obwohl seine Hände brannten, ließ er nicht los. Dann flimmerte es vor seinen Augen und er presste sie zu. Für einen Moment war ihm, als würde er hinter die Erdkrümmung sehen: Da war es warm wie im Inneren der Sonne, die Zeit war stehen geblieben, Oma Anna unsterblich – und das Flugzeugkribbeln durchflutete ihn vom kleinen Zeh bis in die Haarwurzeln.

„Was machst du denn für Grimassen?"

Als Konrad die Augen öffnete, stand seine Mutter vor ihm auf dem Sandweg. Sie kam von der Arbeit und schob mit der rechten Hand das Fahrrad neben sich her. Zusammen gingen sie nach Hause. Die Mutter hatte Ärger im Büro gehabt und merkte nicht, was los war mit Konrad.

Im Hausflur nahm die Mutter die Post aus dem Kasten, dabei rutschte ihr die Zeitung aus der Hand und klatschte auf die Fliesen. Konrad bückte sich, nahm die Zeitung auf und murmelte: „Die Erde hat eine Anziehungskraft."

„Was sagst du, Konrad?", fragte seine Mutter, schon auf der Treppe.

„Ach, nichts weiter", sagte Konrad, klemmte die Zeitung unter den Arm und ging hinter seiner Mutter her, die Treppe hinauf.

Herbert Günther

Was ist Liebe?

Was wir brauchen, das ist Liebe.
Doch was ist sie, wo versteckt?
Jeder kennt sie, jeder nennt sie,
hat sie irgendwann entdeckt.
Flüchtig wie ein Wind im Feld,
kommt und geht sie,
fehlt doch immer auf der Welt.
Wenn sie da ist,
weht uns Lächeln ins Gesicht,
wenn sie fort ist,
kennen wir sie plötzlich nicht.
Liebe ist ... halt, nachgedacht:
eine Schwäche, eine Macht?
Vielleicht ist sie ja auch
eine zarte Blume,
tief im eignen Bauch ...

Harald Braem

Dieses kleine Gedicht

kann dir
den Kopf verdrehen:
ich
liebe dich.

Peter Jepsen

Textwerkstatt
Seite 183

Ich will dich heut nicht sehen

Ich will dich heut nicht sehen
und sag dir ins Gesicht:
Ich will dich heut nicht sehen.
Ich mag dich heute nicht.

Ich kann dich heut nicht riechen,
du machst dich nicht beliebt.
Mach bitte eine Fliege,
bevor es Ärger gibt.

Ich möchte heut allein sein
und sag dir ins Gesicht:
Ich hab heut schlechte Laune
und mag mich selber nicht.

Ich will dich heut nicht sehen.
Ich weiß, das klingt gemein.
Doch ich kann heute leider nicht
auf Knopfdruck lustig sein.

Hast du mal schlechte Laune,
dann kann ich dich verstehn.
Und spätestens heut Abend
möcht ich dich wiedersehn.

Bernhard Lins

Jule Popp

Paul liebt Jule Popp.
Die tut so, als ob
sie den Paul nicht sieht.
Paul pfeift laut ein Lied.

Paul liebt Jule Popp.
Die tut so, als ob
sie den Paul nicht schaut.
Paul pfeift lauter laut.

Paul liebt Jule Popp.
Die tut so, als ob
sie den Paul nicht kennt.
Paul schwenkt wild sein Hemd.

Paul liebt Jule Popp.
Die tut so, als ob
sie den Paul nicht säh.
Paul steht Kopf. Ach nee!

Paul liebt Jule Popp.
Die tut so, als ob
sie weiß Gott was wär.
Paul liebt sie nicht mehr.

Peter Maiwald

Textwerkstatt
Seite 181, 183

Küss die Sterne

Ose-Dose (die Lehrerin) stand mit dem Rücken zur Tafel, auf der mit gelber Kreide geschrieben stand: „Esben und Sara lieben sich."
Die Frage war, wer diese fünf schrecklichen Wörter geschrieben hatte. Hinten saß Sara und weinte, und Nannas und Amalies Taschentücher konnten bald ausgewrungen werden.
Esben war vor die Tür gesetzt worden, weil er die ganze Zeit gerufen hatte, dass er alle Mädchen hasste, Sara ganz besonders; und Sara sagte, Esben sei der blödeste Mistkerl in dieser und in der Unterwelt, und sie wollte ihm bei der erstbesten Gelegenheit die Haare ausreißen, und damit war es allen klar, dass auf der Tafel die reine Wahrheit stand.

Bjarne Reuter

Julias anderer Tag

Gleich beim Aufstehen kam Julia der Gedanke, dass heute einmal ein anderer Tag sein sollte. Nicht so einer wie gestern und vorgestern und vorvorgestern. Sie machte alles anders.
Statt sich zu waschen, duschte sie. Zum Frühstück aß sie Haferflocken mit Zucker und Milch, nicht Marmeladebrot wie sonst.
Sie räumte den Frühstückstisch ab und bat ihre Mutter ihr das Haar zu zwei Schwänzchen zu binden. Sonst räumte die Mutter den Tisch ab und Julia kämmte sich allein.
An anderen Tagen ging sie immer auf der rechten Straßenseite zur Schule, heute auf der linken. Sie holte nicht Gabi ab, sondern Helga. Gestern und vorgestern und am Tag zuvor war Julia in der Schule ziemlich still gewesen. Sie wusste viele Dinge nicht und deshalb meldete sie sich selten.

Textwerkstatt
Seite 175

Aber heute war ein anderer Tag. Gleich zu Beginn der Rechenstunde sagte sie zu ihrem Lehrer: „Ich habe die letzten Aufgaben nicht verstanden. Könnten Sie sie mir bitte noch einmal erklären?"

In Deutsch sagte sie ein Gedicht auf, obwohl sie Angst hatte, stecken zu bleiben. Sie blieb auch stecken. Statt sich zu schämen wie sonst, sagte sie: „Jetzt weiß ich nicht mehr weiter. Helfen Sie mir?" Die Lehrerin half ihr.

In der Pause aß Julia eine Brezel statt eines Apfels.

Am Nachmittag übte Julia auf Helgas Skateboard. Gestern hatte sie zu viel Angst gehabt herunterzufallen. Heute fiel sie. Ihr Knie blutete, und statt die Tränen zurückzuhalten, weinte Julia richtig. Ihre Mutter tröstete sie und gab ihr einen Kuss – das hatte sie gestern und vorgestern und am Tag zuvor nicht getan.

Sie schaute nicht die Kinderstunde im Fernsehen an, sondern wollte den Krimi sehen. Deshalb gab es Streit mit ihrem Vater. Zum Schluss sagte Julia nicht wie sonst meistens: „Ich sehe es ein."

Sie sagte: „Ich sehe gar nicht ein, warum ich den Krimi nicht sehen darf. Das ist bloß, weil du erwachsen bist und alles bestimmen kannst!"

Ihr Vater schaute sie erstaunt an und sagte: „Nanu, Julia!" Ihre Mutter sagte: „Wir sprechen morgen noch einmal darüber, was Julia anschauen darf und was nicht, einverstanden?"

Als Julia ihren Eltern gute Nacht sagte, gab sie ihnen einen Kuss. Das tat sie sonst schon lange nicht mehr.

Noch viele andere Dinge hatte sie an diesem Tag anders getan. Es war ein aufregender Tag gewesen.

Irmela Brender

Rosalinde hat Gedanken im Kopf

Manchmal hat Rosalinde Berufsgedanken. Einen Beruf braucht jeder einmal, hat die Mama gesagt. Man muss sich rechtzeitig überlegen, was aus einem einmal wird.

Der Fredi weiß schon genau, was aus ihm einmal wird. Fußballer wird der Fredi, sagt er. Mittelstürmer.

Rosalinde würde auch gern Fußballerin werden. Tor-Frau möchte sie später einmal sein. Aber alle Buben in der Klasse lachen sie deswegen aus. „Plemplem, total plemplem“, sagen sie und tippen sich an die Stirn. Die Mädchen in Rosalindes Klasse finden eine Tor-Frau auch „plemplem, total plemplem“.

Darum redet Rosalinde in der Schule nicht mehr von ihrem Lieblings-Beruf. Sie denkt sich Ersatzberufe aus: Fernlastfahrerin, Baggerführerin, Försterin, Hundezüchterin, Taxifahrerin, Schornsteinfegerin, Sportreporterin ... Aber auch mit den Ersatzberufen hat Rosalinde in der Klasse nicht viel Erfolg. Mädchen, das sagen alle in der Klasse, werden einmal andere Berufe haben: Lehrerin, Krankenschwester, Friseuse, Verkäuferin, Bürofrau, Kinderärztin ... Nur Rosalinde mag das alles nicht werden!

Stundenlang, tagelang, wochenlang, monatelang hat sich Rosalinde gut zugeredet. Nach stundenlangem, tagelangem, wochenlangem, monatelangem Nachdenken hat sich Rosalinde gesagt: Nein! Das sind ja alles ganz nette und gute und anständige Berufe, aber das ist alles nichts für mich! Das ist nämlich alles nichts gegen eine Hochsee-Kapitänin, eine Düsenflieger-Pilotin, eine Raumfahrerin, eine Brückenbau-Ingenieurin – und eine Tor-Frau!

Der Fredi ist bei Rosalinde zu Besuch. Sie spielen mit dem Geburtstagsbagger und mit dem Baukasten und mit der Autobahn. Rosalinde versucht dem Fredi die Sache mit den Berufen zu erklären. Der Fredi ist ihr Freund. Der Fredi muss das verstehen.

Doch der Fredi behauptet: „Ingenieur kannst du nicht werden. Da muss man viel mit Zahlen und Rechnen tun. Mädchen sind nicht dafür begabt!“ Bei den Rechenarbeiten schreibt der Fredi immer von Rosalinde ab.

Textwerkstatt
Seite 172, 179

Eine ganze Menge „nicht genügend" hätte er schon bekommen, wenn er Rosalinde nicht als Nachbarin hätte. „Außerdem verstehen Mädchen von der Technik nichts", sagt der Fredi.

Gestern hat Rosalinde Fredis Vierminen-Kugelschreiber repariert, weil es der Fredi nicht geschafft hat. Und vorgestern hat Rosalinde dem Fredi erklärt, wozu die Räder im Wecker da sind und warum ein Wecker eine Feder braucht und wieso ein Batteriewecker keine Feder braucht und viel weniger Räder hat. Rosalinde weiß das. Der Opa hat es ihr erklärt.

„Und Kapitän geht schon überhaupt nicht", sagt der Fredi. „So ein Kapitän, der braucht viel Mut. Der braucht dreimal so viel Mut, wie ein Mädchen überhaupt haben kann!"

Da wird Rosalinde wütend, sie schreit: „Du Depp, du! Wer traut sich vom Dreimeterbrett zu springen? Ich oder du? Wer traut sich in den finsteren Keller runter? Ich oder du? Wer klettert auf den Kastanienbaum? Ich oder du?"

Der Fredi tut, als wären das alles keine besonders mutigen Sachen.

Der Fredi sagt: „Das könnte ich doch auch. Ich will bloß nicht!"

Jetzt ist Rosalindes Wut so groß, dass sie rot vor Zorn wird und richtig zittert. Sie springt auf und packt den Fredi am Arm.

„Gib zu, dass ich zumindest genauso mutig bin wie du!", brüllt sie.

Der Fredi gibt es nicht zu. Rosalinde zieht den Fredi vom Sessel hoch. Sie beutelt ihn durch. Der Fredi will sich losreißen, aber es gelingt ihm nicht. Da tritt er mit den Füßen nach Rosalindes Schienbeinen. Fußtritte, die wehtun, machen die wütende Rosalinde noch wütender. Sie packt den Fredi, hebt ihn hoch und schleudert ihn aufs Bett. Der Fredi saust auf die Matratze. Die Matratze hopst, der Betteinsatz quietscht und der Fredi schreit: „Aber auf alle Fälle hast du für einen richtigen Männerberuf nicht genug Kraft!" Tränen rinnen dem Fredi über die Wangen.

Da gibt es Rosalinde auf! Manchmal nützt „Rechthaben" gar nichts. Manchmal nützen alle Beweise fürs „Rechthaben" gar nichts. Manchmal, denkt Rosalinde, könnte man aus der Haut fahren!

Christine Nöstlinger • Erhard Dietl

Natur entdecken: Tiere

Das Frühlingserwachen

Ein Hauch linder Aprilluft sickert in den Feldsteinhaufen.

Der Laubfrosch erwacht aus der Winterstarre. Er dehnt die klammen Glieder. Langsam tastet er sich von einem Stein zum anderen nach oben, angereizt von der wärmeren Luft.

Der erste Sonnenstrahl! Der Laubfrosch schließt geblendet die Augen.

Nach Sekunden öffnet er sie zaghaft wieder und äugt zum blauen Ozean Himmel hinauf.

Dem Frosch wird wohlig warm. Arme und Beine gehorchen schon williger.
Er zwängt sich zwischen scharfkantigen, kalten Feuersteinen hindurch.
Und landet nach einem kurzen Hupfer auf einem Granitbrocken.
Die Sonne!
Die milde Luft!

Der Frosch atmet tief, trinkt behaglich den lauen Wind, der ohne Modergeruch über die Haut streicht.
Lauscht dem verhaltenen Rauschen der Pappelkrone.
Blickt von seinem Steinturm auf die goldenen Blütenschalen des Kriechenden Hahnenfußes, der am Wege wuchert.
Hört die Lerche, die sich jubelnd an ihrem Lied emporzieht.

Schreck!
Im Wipfel der Pappel landet der Kolkrabe:
Rabb ... rabb ... rabb ...
Wie ein plumper schwarzer Kahn schaukelt der Vogel auf dem Pappelzweig.
Der Laubfrosch schmiegt sich an den Granitstein, rührt keinen Muskel mehr.
Bis sich der schwere Vogel wieder in den Wind wirft.

Dem Laubfrosch ist zum Zerplatzen wohl.
Seine Sprünge vom Steinhaufen sind kräftig, weit. Es zieht ihn zum Tümpel.

Text: Werner Lindemann
Bilder: Rolf Felix Müller

Textwerkstatt
Seite 176, 181

Was du tust, wirst du erleiden!

Als die Tiere noch alle die gleiche Sprache redeten, gewann eine Maus einen Frosch lieb. Daher lud sie ihn zum Mahle und führte ihn in die Vorratskammer eines Reichen. Da gab es Brot, Käse, Honig, Feigen und alle andern Leckerbissen.
„Nun iss nach Herzenslust, lieber Frosch", sagte die Maus. Der ließ sich das nicht zweimal sagen, und alle beide schwelgten in auserlesenen Genüssen.
Dann sagte der Frosch: „Nun komm auch einmal zu mir, liebe Maus, und mäste dich an meinen Schätzen! Damit du aber bei der Reise durchs Wasser keine Angst bekommst, will ich deinen Fuß an meinen anbinden."
Das tat er auch und sprang in den Teich, wobei er die Maus gefesselt mit sich zog. Als diese nun merkte, dass sie ertrinken musste, sprach sie:
„Ich werde von dir getötet werden, aber von einem Stärkeren werde ich gerächt werden."
So starb sie. Aber wie sie noch auf dem Wasser dahintrieb, flog ein Habicht über den Teich. Der sah die Maus, schoss herab und ergriff sie und zugleich mit ihr den Frosch. Und er verschlang sie beide.

Äsop

Die Kaulquappe und der Weißfisch

Eine Kaulquappe hatte einen Weißfisch geehelicht. Als ihr Beine wuchsen und sie ein Frosch zu werden begann, sagte sie eines Morgens zu ihm: „Martha, ich werde jetzt bald einer Berufung aufs Festland nachkommen müssen; es wird angebracht sein, dass du dich beizeiten daran gewöhnst, auf dem Lande zu leben." – „Aber um Himmels willen!", rief der Weißfisch verstört, „bedenke doch, Lieber: meine Flossen! Die Kiemen!" Die Kaulquappe sah seufzend zur Decke empor. „Liebst du mich oder liebst du mich nicht?" – „Ei, aber ja", hauchte der Weißfisch ergeben. „Na also", sagte die Kaulquappe.

Wolfdietrich Schnurre

Die Entdeckung der Welt

„Jetzt kenne ich also die ganze Welt“, sagte der junge Karpfen, nachdem er zum ersten Mal rund um den Teich geschwommen war.

Angelika Ehret

Die kleinen und die großen Fische

„Wir sind der Schrecken der Tiefe“, prahlten die großen Fische. „Alle leben in Furcht vor uns; wir aber fürchten nichts. Ihr kleinen Fische seid nichts wert. Ihr könnt nicht kämpfen und seid leicht zu fangen.“ In diesem Augenblick ließen die Fischer ein neues Netz herunter, und die großen Fische wurden schnell gefangen, hinaufgezogen und ins Schiff befördert. Die kleinen Fische konnten durch die weiten Maschen des Netzes entkommen.

Äsop, nacherzählt von Rudolf Hagelstange

Die Kaulquappe

Die Kaulquappe schwänzelt im Teich herum
und weiß alles besser.
Vor allem die Frösche findet sie dumm,
die Fliegenfresser.
Wenn ich seh, wie sie hopsen, da kann ich nur lachen.
An Land ist es öde.

Und wenn sie verliebt sind und Quellaugen machen!
Mir wär das zu blöde.
Das Komischste find ich, im Chor zu koaxen.
Da bin ich gescheiter.
„Auch dir“, sprach der Frosch, „werden Beine wachsen,
dann reden wir weiter.“

Michael Ende

Wie schlug das Herz mir ...

Ein Ritning (Dreizeiler)

die Sonne trocknete den Tümpel aus
Fröschchen, wohin
springst du nun?

Kurt Neuburger

Plopp

Die Stille sitzt im Gartenteich
und gähnt und spricht:
Dies ist mein Reich.

Ein kleiner Frosch quakt:
Du täuschst dich
und ob!
Springt rein in den Teich,
und der Teich sagt:
Plopp!

Fredrik Vahle

Nach dem großen Sturm

Dies war Peters Welt: ein winddurchwehter Strand, zerklüftete Klippen, ein wildes Kap voller Leben.

Trottellummen, Krähenscharben, Dreizehenmöwen, Eiderenten und Langschwanz-Enten kreischten und quakten und schnatterten. In den Wellen schwammen und schnellten Seehunde und Otter hin und her, spielten und suchten im Meer ihre Nahrung.

Manche Tiere kamen nur hierher, um ihre Jungen aufzuziehen; für andere war es die Heimat.

Die Tankschiffe, die in der Ferne vorüberzogen, beunruhigten die Tiere nicht. Sie fühlten sich sicher in ihrer Bucht. Es war Peters Welt. Hier ließ er Kiesel über die Wasserfläche tanzen, wenn das Meer ruhig war. Hier suchte er in den Tümpeln zwischen den Felsen nach Krebsen. Hier warf er den Enten Brot zu und den Seehunden manchmal kleine Fische. Die Eiderenten waren Peters Lieblinge. Sie kannten seine Stimme. Sie wussten, dass er ihnen nichts tat. Sie wussten, dass er auch hierher gehörte. Er brachte ihnen Futter, und sie kamen angewatschelt und begrüßten ihn. Jede wollte die erste sein, und Peter musste aufpassen, dass alle ihren gerechten Anteil bekamen. Doch eines Nachts kam ein Tankschiff zu nahe an die Küste heran. Viel zu nahe an die verspielten Seehunde; viel zu nahe an die schnatternden Enten; viel zu nahe an die Felsen unter der trügerischen Flut.

Viel zu nahe an Peters Welt.

Textwerkstatt
Seite 175

Der eiserne Tanker krachte gegen die Felsen, und das Getöse weckte alle Bauern auf den Höfen in der Nähe. Es riss auch Peter aus dem Schlaf. Alle rannten zum Rand der Klippen und sahen voll Entsetzen, wie der gestrandete Tanker auseinander brach.

Die Männer an Bord fürchteten um ihr Leben. Von einem Hubschrauber wurden sie gerettet. Den Tanker überließ man seinem Schicksal. Aus dem Schiffsbauch quoll stinkendes, schwarzes Öl und breitete sich im Meer aus.

Am nächsten Morgen war alles schwarz.
Die Wellen trugen schwarzen Schaum;
der silberne Sand bestand aus schwarzem Schlamm;
die spitzen Felsen waren mit einem schwarzen Schleim bedeckt, der alle Spalten füllte.

Peter kletterte hastig die Klippen hinunter.
Lange stand er da.
Seine Welt war nicht mehr seine Welt.

Ein junger Seehund, über und über mit Öl verschmiert, trieb auf dem schwarzen Wasser. Seine großen Augen flehten um Hilfe. Jede neue Welle, die an die Küste donnerte, schleuderte tote Geschöpfe an Land, ließ sie wie Abfall überall am Strand liegen.

Eine Trottellumme zupfte verzweifelt an ihrem verklebten Gefieder. Sie vergiftete sich selbst bei diesem Versuch, den Ölschlick zu entfernen. Eine Eiderente kauerte reglos da, erschöpft von dem vergeblichen Kampf um Bewegungsfreiheit.

Peter ging vorsichtig auf die Ente zu. Er wollte sie nicht ängstigen. Sie hatte schon genug Angst. Aber die Ente kannte seine Stimme. Peter hob sie auf, und die Ente spürte, dass er ihr helfen wollte. Sie legte den Kopf an Peters Brust, und er wiegte sie in seinen Armen. Der Wind trocknete die Tränen auf seinen Wangen.
Dann nahmen ihm sanfte Hände die Ente ab. Und Peters Vater sagte ihm, er solle bei den Rettungsarbeiten helfen.

Viele Tage lang half Peter, den klebrigen Ölschlick abzukratzen und wegzuspritzen, der jeden Stein bedeckte und jede Felsspalte füllte.
Peters Welt kämpfte ums Überleben.

So sieht Peters Strand heute aus: Wenn seine Lieblingsente angewatschelt kommt und ihm Brot aus der Hand frisst, wundert sich Peter jedes Mal, dass sie überlebt hat.
Und er lächelt, wenn die Entenküken über die Steine stolpern und rutschen.

Aber wenn Peter einen Kiesel aufhebt, um ihn ins Wasser zu werfen, dann kriegt er häufig schwarze, klebrige Finger, und das Tankschiff fällt ihm wieder ein. Denn gleich unter der Wasseroberfläche, überall in den kleinen Winkeln und Ritzen zwischen den Felsen, gibt es hässliche schwarze Ölreste, die nie wieder verschwinden werden.
Trotzdem ist dieser Strand noch immer Peters Welt:
ein winddurchwehter Strand,
zerklüftete Klippen,
ein wildes Kap voller Leben.

Sally Grindley • Michael Foreman

Ein Tag in der Seehundstation

Jörg Driver ist Tierarzt an der Nordseeküste in einer Seehundstation. Wie der Name schon sagt, gibt es hier viele Seehunde: solche, die dauerhaft gehalten werden, sowie die Heuler*.

So kann ein Tag im Juni sein. Er beginnt früh:

5:30 h Schon früh wird die erste Fütterung für die Tiere vorbereitet. Für die jüngsten Seehunde wird ein spezieller Milchbrei angemischt. Die älteren Tiere bekommen bereits Heringsbrei und kleine Fischstücke.

6:00 h Vor der ersten Fütterung werden alle Seehunde in ihren Becken untersucht. Hierbei werden Augen, Ohrlöcher, das Maul, die Flossen und der Bauchnabel kontrolliert. Milch und Brei werden mit Schlauch und Trichter gefüttert. Hierzu muss den Heulern ein weicher, biegsamer Schlauch eingeführt werden, da sie an einer Nuckelflasche nicht saugen würden. Die kleinen Fischstücke werden noch an Land gefüttert, weil die Jungtiere erst lernen müssen, den Fisch zu schlucken. Wenn die Jungtiere den Fisch an Land gut fressen, wird im Wasser gefüttert.

7:00 h Die Heuler-und Quarantänebecken werden gereinigt und die Sandliegeflächen geharkt. Anschließend wird frisches Seewasser in die Aufzuchtbecken gefüllt. Die tägliche Reinigung der Becken ist sehr wichtig, damit sich keine Krankheiten ausbreiten können.

9:00 h Die ersten Besucher kommen in das Besucherzentrum. Sie können die dauerhaft in der Station lebenden Tiere beobachten und Informationen zu Seehunden, Robben und Walen einholen. Der Bereich, in dem die Heuler aufgezogen werden, ist für sie nicht zugänglich. Denn die Heuler sollen sich nicht unnötig an Menschen gewöhnen. Sie brauchen auch viel Ruhe zwischen den Fütterungen.

* Heuler: Das sind Tiere, die während der Säugezeit dauerhaft von ihrer Mutter getrennt wurden. Sie werden in der Station aufgezogen.

Textwerkstatt
Seite 173

Ein Heulerfund wird gemeldet. Jeder junge Seehund heult, denn das ist sein Kontaktlaut zur Mutter. Bevor man ihn auf die Station mitnimmt, muss man sorgfältig prüfen, ob der kleine Seehund wirklich alleine ist, und ihn keinesfalls anfassen. Denn am Heulen und am Geruch erkennt die Mutter ihr Junges.

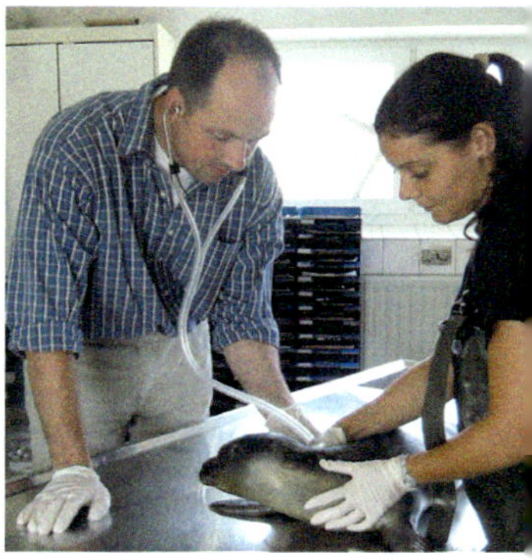

10:00 h Delf, der Seehundjäger, kommt mit dem Heuler in den Veterinärraum zu Jörg Driver. Es ist ein Weibchen, das zunächst gewogen und vermessen wird. Herzfrequenz und Atmung werden überprüft. Die Temperatur wird gemessen und Blut abgenommen. Sie hat eine kleine Verletzung am Auge, die mit Salbe behandelt werden muss. Zum Schluss bekommt sie eine Flossenmarke. Dann wird sie in ein Quarantänebecken gebracht und gleich gefüttert.

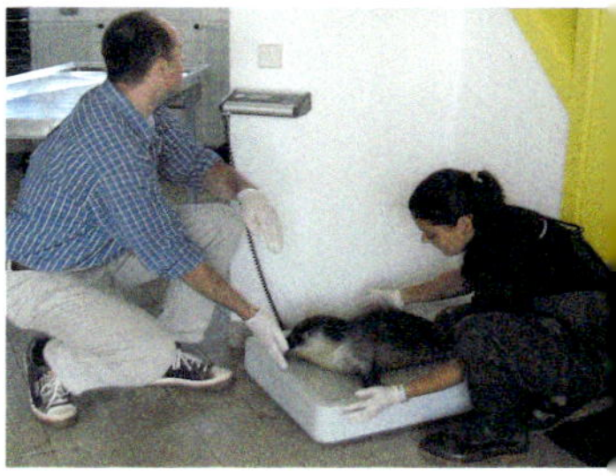

12:00 h Vor der nächsten Fütterung werden alle Seehunde gewogen. Dies wird einmal pro Woche gemacht, um Wachstum und Entwicklung der Tiere zu dokumentieren. Die Daten werden in einer Mappe gesammelt. Die Heuler sind zwischen zwei und drei Monate in der Station, bis sie ein Gewicht von 25–30 kg erreicht haben. Dies ist das normale Gewicht, das ein Jungtier nach der Säugezeit auf die Waage bringt. Mit dieser Speckschicht ausgestattet, können sie die ersten Wochen im Wattenmeer gut überstehen.

15:00 h Schon wieder werden die Heuler gefüttert. Danach muss der Fisch sortiert und in den Kühlschrank gebracht werden.

17:30 h Fütterung der Dauerhaltungstiere. „Lümmel" hat Durchfall. Jörg nimmt Proben, die er zur Untersuchung ins Labor schickt.

18:15 h Die Seehundstation schließt. Die Heuler werden erneut gefüttert. Die Futterpläne für den nächsten Tag müssen geschrieben und alle neuen Notizen zu den Tieren aktualisiert werden.

20:00h Abendbrot für die Heuler. Gegen 21:00 h ist Feierabend.

Kemanta

An der Küste des Großen Wassers, dort, wo die eisigen Meereswellen an die Ufer schlagen und die Indianer in ledernen Zelten um die Feuerstellen sitzen, lebte einst der Knabe Kemanta.

Er war ein trefflicher Jäger; oft jagte er mehr Füchse und Lamas als die erfahrensten Indianer. Aber vom Fischfang wollte er nichts hören.

Lieber half er den Frauen bei der Arbeit, lieber duldete er es schweigend, dass man von ihm sagte, er fürchte das Wasser.

Und er fürchtete das Wasser wirklich. Jeden Wassertropfen trocknete er ab, vor dem Regen versteckte er sich, und wenn die anderen Knaben während des kurzen Sommers im seichten Wasser herumtobten, lief er davon.

Allmählich lachten ihn alle aus, und eines Tages trieben ihn der Vater und seine Brüder aus dem Haus; hätte die Mutter ihm nicht hin und wieder heimlich etwas zugesteckt, wäre er nicht satt geworden.

Aber bald schon lebte er von allen verlassen in einer armseligen Hütte, die er sich gebaut hatte. Und er wurde immer trauriger, er sehnte sich nach den Eltern und den Brüdern, doch die Angst vor dem Wasser konnte er nicht überwinden.

„Wozu bin ich eigentlich gut?“, fragte Kemanta sich. „Mein Vater und meine Brüder haben mich zu Recht verstoßen und mich zu Recht einen Feigling genannt. Ich werde hier auf den Tod warten ...“ Dann hockte er sich unter einen Pelz und wartete auf den mächtigen Temaukel*.

Vielleicht träumte er, vielleicht wachte er – jedenfalls sah er statt des körperlosen Temaukel plötzlich neben seiner Matte einen seltsamen Alten. Seine Hände und Füße waren aus Fischschuppen, und wenn er lächelte, entblößte er seine Zähne, die Hauern glichen. Seine runden Fischaugen glänzten wie das Wasser des Meeres. „Fürchte dich nicht, ich bin der Meergeist!“, sagte der Alte. „Und ich will dir helfen!“

„Niemand kann mir helfen“, antwortete Kemanta traurig. „Ich fürchte das Wasser – ich werde niemals schwimmen lernen ...“

„Wenn du willst, wirst du schon bald der beste Schwimmer sein!“

„Aber wie sollte ich?“

* Temaukel ist Schöpfer von Himmel, Erde, Menschen und Tieren.

Textwerkstatt
Seite 173

„Morgen früh, wenn die Wellen des Meeres noch nicht hoch ans Ufer schlagen, iss diese Muschel“, sagte der Alte, und dann hielt er dem Knaben eine runde schwarze Muschel hin. „Diese Muschel wird dir die Angst vor dem Wasser nehmen. Und wenn du im Wasser bist, lehre ich dich das Schwimmen …“

Als Kemanta in der Frühe erwachte und die runde schwarze Muschel sah, erinnerte er sich an den Alten und an das, was er gesagt hatte. Und ohne zu zögern, aß er die Muschel und lief zum Meer hinunter.

Der Wind hatte sich gelegt – die Männer aus dem Dorf bereiteten gerade ihre Kanus zum Fischfang vor. Und sie sahen den Knaben, der ohne Bedenken in das kalte Wasser lief, das ihm bald bis zur Gürtellinie und über die Schultern reichte, in dem er plötzlich versank … „Er ist ertrunken!“, riefen die Männer entsetzt – aber sie hatten sich geirrt.

Denn im gleichen Augenblick ritt Kemanta auf einer Welle. Und dann sprang er wieder ins Wasser hinein. Das Spiel wiederholte sich ein paarmal: Der Knabe ritt jauchzend auf einer Welle und sprang ein Weilchen danach wieder ins Wasser. Die Männer am Ufer staunten: „Kemanta, das ist Kemanta!“ – Kemantas Hände und Füße verwandelten sich allmählich in starke Flossen, der Kopf verband sich mit dem Rumpf, und die Nase wurde zu einem seltsamen Fischmaul. Mit jedem übermütigen Sprung nahm er mehr und mehr die Gestalt eines Delfins an.

„Da ist er ja! Dort taucht er auf!“, riefen die Männer am Ufer und warfen ihm allerlei Leckerbissen ins Meer.

Von jenem Tag an begleitete der Delfin die Indianer beim Fischfang und trieb ihnen reiche Beute in die Netze. Von Zeit zu Zeit aber entfernte er sich von ihnen, sprang lachend in die Höhe und warf sich sogleich wieder in die Wellen. Um die Wahrheit zu sagen: Gesprungen ist er eigentlich nicht! Das schien den Indianern nur so – in Wirklichkeit spielte nämlich der Gute Meergeist mit ihm und warf ihn dabei in die Höhe.

Und wie der Meergeist mit Kemanta spielte, so spielt er noch heute mit seinen Nachkommen.

Indianisches Märchen

Frühling, ja du bist's!

Er ist's

Frühling lässt sein blaues Band
wieder flattern durch die Lüfte.
Süße, wohl bekannte Düfte
streifen ahnungsvoll das Land.
Veilchen träumen schon,
wollen balde kommen.
Horch! Von fern ein leiser Harfenton!
Frühling, ja du bist's!
Dich hab ich vernommen.

Eduard Mörike

Lob des Frühlings

Saatengrün, Veilchenduft,
Lerchenwirbel, Amselschlag,
Sonnenregen, linde Luft!
Wenn ich solche Wörter singe,
braucht es dann noch großer Dinge,
dich zu preisen, Frühlingstag?

Ludwig Uhland

Bilder: Adolph von Menzel

Gefunden

Ich ging im Walde
So für mich hin,
Und nichts zu suchen,
Das war mein Sinn.

Im Schatten sah ich
Ein Blümchen stehn,
Wie Sterne leuchtend,
Wie Äuglein schön.

Ich wollt es brechen,
Da sagt es fein:
Soll ich zum Welken
Gebrochen sein?

Ich grub's mit allen
Den Würzlein aus,
Zum Garten trug ich's
Am hübschen Haus.

Und pflanzt es wieder
Am stillen Ort;
Nun zweigt es immer
Und blüht so fort.

Johann Wolfgang von Goethe

Textwerkstatt
Seite 182, 184, 185

Frühling

Mit dem Akazienduft
fliegt der Frühling
in dein Erstaunen

Die Zeit sagt
ich bin tausendgrün
und blühe
in vielen Farben

Lachend ruft die Sonne
ich schenke euch wieder
Wärme und Glanz

Ich bin der Atem der Erde
flüstert die Luft

Der Flieder
duftet
uns jung

Rose Ausländer

Großstadtfrühling

Der Frühling mit seiner Palette
ist durch die Straßen gestürzt.
Er hat ihre steinerne Glätte
mit Gelb und mit Grün gewürzt.

Er verließ die Straßenbahngleise
und sitzt fast mitten im Wald
und schmiert zu Seiten der Schneise
das Grün und drüber Kobalt.

Doch dann am gefleckten Wasser im Winkel
malt er sich selbst, ganz wie er sich sieht,
verloren, ohne Absicht und Dünkel,
und fühlt, wie er durchsichtig erblüht.

Georg Maurer

Textwerkstatt
Seite 184

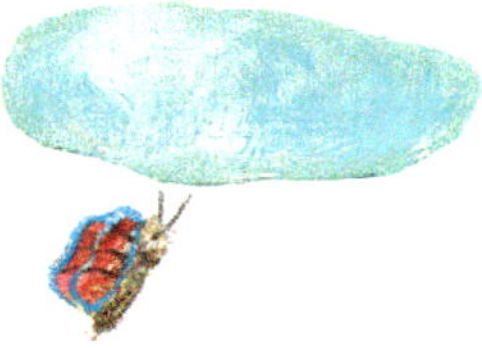

Die Sternenaugen

Die Sternenaugen sind müde von der
durchwachten Nacht: eines nach dem
anderen schließt sich.
Durch den Garten schwelt graublaue Stille:
gleich wird es dämmern.
Vom Dorf her der Schrei des ersten Hahnes.
Nicht er hat den Morgen aufgeschreckt:
der Morgen weckt ihn.

Werner Lindemann

Die Ankunft der Stare

Föhnwind fiel ein, und der Schnee taute; er taute zwei Tage, und die Erde wurde sichtbar und begann zu duften, und über den Hof ging man wie über nasse Säcke. „Niwre Rettamttirts will ich heißen“, sagte ich zu meinen Söhnen, „wenn heute Nacht die Stare nicht kommen!“
Meine Söhne nahmen mich beim Wort. Ich hatte leichtsinnig mit meiner Vaterautorität gespielt. In der Nacht wurde ich mehrmals wach, ging ans Fenster und lauschte hinaus. Der Himmel war bewölkt, und ich hörte nicht den geringsten Laut von ziehenden Vögeln.
Und auch am Morgen vor meinem Arbeitsbeginn lauschte ich in die Dunkelheit, und es waren keine zuwandernden Vögel in der Luft.
„Na, Vater, was ist mit den Staren?“, fragte mein Sohn Matthes am Frühstückstisch, aber da kam Ilja vom Pferdeputzen aus dem Stall und sagte:
„Leider, es wird nichts mit dem verrückten Namen;
auf Nachbars Fernsehantenne sitzen zwei Stare.“
Wir rannten hinaus, und die Stare saßen auf der Antenne und pfiffen, und ich sah dankbar zu ihnen auf, weil sie meine Vaterautorität gerettet hatten, aber da fragte Ilja: „Was war dieser NIWRE RETTAMTTIRTS eigentlich für ein Clown?“
Konnte ich verraten, dass ich es war, wenn man meinen Namen von hinten las?

Erwin Strittmatter

Textwerkstatt
Seite 184

Vorhang auf!

Ophelias Schattentheater

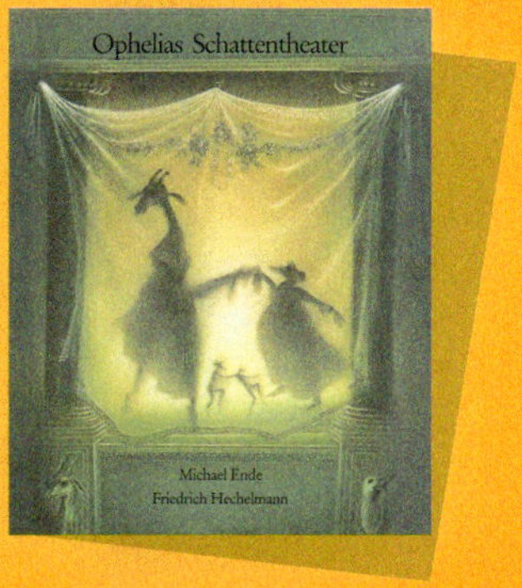

Lange Jahre hat Fräulein Ophelia im Theater gearbeitet und den Schauspielern ihre Rollen zugeflüstert, wenn sie den Text nicht mehr wussten. Jetzt ist sie alt und ohne Arbeit und Geld. Aber sie hat viele Schatten gesammelt, die ihr Gesellschaft leisten.

Die Schatten kamen aus Ophelias Handtäschchen, als sie schlief. Sie berieten sich untereinander, was geschehen sollte. „Eigentlich", sagten sie, „haben wir doch alle von Ophelia gelernt, vielleicht gelingt es uns, damit für sie zu sorgen." Und als sie aufwachte, erzählten sie ihr von dem Plan.

„Ach", sagte Fräulein Ophelia, „das ist aber wirklich nett von euch."

Als sie in ein kleines Dorf kam, nahm sie aus ihrem Koffer ein weißes Bettlaken und hängte es über eine Teppichstange. Sofort begannen die Schatten auf dem Tuch die Schauspiele aufzuführen, die sie von Ophelia gelernt hatten. Und sie selbst saß dahinter und flüsterte ihnen die großen Worte der Dichter zu, damit sie nicht stecken blieben. Erst kamen nur ein paar Kinder und schauten staunend zu, aber gegen Abend kamen auch Erwachsene, und jeder bezahlte zum Schluss eine Kleinigkeit für die interessante Vorstellung.

So zog Ophelia nun von Dorf zu Dorf und von Ort zu Ort, und ihre Schatten verwandelten sich in Könige und Narren, in edle Jungfrauen und feurige Hengste, in Zauberer und Blumen, je nachdem.
Die Leute kamen herbei und schauten zu und mussten lachen und weinen. Bald war Fräulein Ophelia berühmt, und wenn sie irgendwo hinkam, dann wurde sie schon erwartet, denn so etwas hatte man nie zuvor gesehen. Das Publikum klatschte Applaus, und jeder bezahlte etwas, der eine mehr, der andere weniger.

Text: Michael Ende
Bilder: Friedrich Hechelmann

Textwerkstatt
Seite 176

Kalif Storch – Ein altes Märchen aus dem Orient

Erster Akt

Im Inneren des Palastes sitzen der Kalif Chasid und sein Großwesir auf hohen Polstern.

Erzähler: Es war einmal ein großer Kalif in der großen Stadt Bagdad. Er saß behaglich auf seinem Diwan. Neben ihm saß sein Großwesir, und je länger sie so saßen, desto langweiliger wurde es ihnen.

Kalif: Ist es heute nicht ganz besonders langweilig, lieber Großwesir? Ach, wie gerne möchte ich eine wirklich spannende, lustige Geschichte erleben!

Wesir: Ich auch.

Kalif: Das hat man davon, wenn man Kalif ist. Immer muss man würdig sein. Nie darf man Faxen machen.

Wesir: Nie darf man Faxen machen. Ach ja. Wie lange haben wir schon nicht mehr laut gelacht. Aber ein Kalif und sein Großwesir müssen immer ernst sein. Ach ja. – Aber was ist das?

Krämer *(Stimme von draußen)*:
Hört, ihr Leute, lasst euch sagen,
wenn euch große Sorgen plagen.
Wenn euch Langeweile drückt,
hier ist was, das euch entzückt:
Murmeln, Puppen, Hampelmann,
Stehaufmännchen, Kinderkram,
lustige und bunte Sachen
bringen euch gewiss zum Lachen!

Kalif: Bloß ein Krämer mit Spielsachen. Wie langweilig.

Krämer *(Stimme von draußen)*:
Den besten Zaubertrick der Welt,
den man kaufen kann für Geld …

Kalif: Zaubertricks! Großwesir, hol den Mann herein!

(Wesir geht ab, kommt mit dem Krämer zurück.)

Krämer: Ich, der unwürdige Krämer Mizra, begrüße den Kalifen, den Herrn über Bagdad und den Erdkreis, Beschützer der Gläubigen, Meister der …

Kalif: Genug. Zeig mir deine Schätze. Öffne deine Kiste. Was haben wir denn da an Zaubertricks?

Krämer: Sehr wohl, Herr Kalif. Diese Puppe hier kann singen und tanzen und …

Wesir: Das sind Kindereien.

Textwerkstatt
Seite 180

Wo sind deine Zaubertricks? Was ist in der Dose mit den geheimnisvollen Schriftzeichen?

Krämer: Oh, oh, oh! Gefährlich, gefährlich. Nehmen wir lieber dieses Seifenkistchen. Damit kann man wunderbare Seifenblasen machen. Sehen Sie ...

(Bläst. Seifenblasen steigen auf.)

Kalif: Uninteressant. Was ist in dieser Dose? Was steht auf dem Deckel?

Krämer: Oh, oh, oh. Gefährlich und rätselhaft. Ein mächtiger, ein gefährlicher Zauber ist das. Oh, hätte ich die Dose doch in den Tiefen des Meeres versenkt oder in der Wüste vergraben oder ...

Wesir: Hör auf zu jammern und lies vor!

Krämer: Hier steht ... Soll ich?

Kalif, Wesir: Lies endlich!

Krämer: Hier steht: „Oh, Mensch, der du dieses findest, preise Allah und fürchte ihn! Wer von dem Pulver dieser Dose schnupft und ‚Mutabor' spricht, der kann sich in jedes Tier verwandeln und versteht auch die Sprache der Tiere."

Kalif, Wesir: Ach!

Krämer: „Will er wieder in seine menschliche Gestalt zurückkehren, so neige er sich dreimal gegen Osten und spreche wiederum dieses Zauberwort ..."

Kalif: Muttermal.

Wesir: Nein, Butterbrot.

Krämer: „... ‚Mutabor'. Doch, wenn du verwandelt bist, hüte dich zu lachen. Sonst vergisst du das Zauberwort auf immer und ewig, und auf immer und ewig bleibst du ein Tier!" Oh, oh, oh, gefährlich, gefährlich.

Kalif: Ach was, gefährlich. Ich lache nie und kann mir alles merken. Hier hast du drei Goldstücke für die Dose. Einverstanden?

Krämer: Einverstanden.

(Verneigt sich und geht ab.)

Kalif: Das nenne ich gut einkaufen, mein Großwesir. Wie freue ich mich darauf, ein Tier zu sein. Morgen früh kommst du zu mir. Wir gehen dann miteinander auf das Feld und schnupfen ein wenig aus der Dose.

Dann belauschen wir die Tiere in der Luft und im Wasser, im Wald und im Feld!

Erzähler: Am anderen Morgen steckte der Kalif die Dose mit dem Zauberpulver in den Gürtel, befahl seinem Gefolge zurückzubleiben und machte sich mit dem Großwesir ganz allein auf den Weg. Sie gingen zuerst durch die weiten Gärten des Kalifen, spähten aber vergebens nach etwas Lebendigem. Dann, endlich …

Zweiter Akt

Der Kalif und sein Großwesir draußen vor der Stadt.

Kalif: Meine Güte, ist das spannend. Großwesir, siehst du diese Mäuschen? Was die einander wohl zu erzählen haben? Komm, lass uns Mäuschen spielen!

Wesir: Lieber nicht, Herr Kalif. Was ist, wenn die Katze kommt?

Kalif: Oh ja, da hast du weise gesprochen. Komm, gehen wir rüber zum Teich. Dort sind Frösche. Wäre es nicht schön, die Sprache der Frösche zu verstehen?

Wesir: Nicht, wenn Störche in der Nähe sind. Störche spießen Frösche auf.

Kalif: Oh ja, da hast du weise gesprochen. Da wäre ich lieber ein Storch als ein Frosch!

Wesir: So lass uns Störche sein! Niemand jagt Störche. Und … Störche können auch fliegen!

Kalif: Weise gesprochen. Lass uns Störche sein! Aber vorher wollen wir uns merken, wie das Zauberwort lautet. Damit wir nicht als Störche enden. Ha ha ha.

Wesir: Ha ha ha. Das Wort ist ganz einfach. Es lautet … Mu-, Bot-, Rum-, äh …

Kalif: Da auf der Dose steht es ja.

Kalif, Wesir: Mutabor. So einfach!

Wesir: Aber bloß nicht lachen!

Kalif: Natürlich nicht, ha ha ha. Lass uns jetzt schnupfen …
(Beide schnupfen.)
… und das Zauberwort rufen!

(Beide lesen es von der Dose ab.)

Kalif, Wesir:
Muuuutaaaaboooor!!!

(Verwandlung der Kostüme: Kalif und Großwesir werden zu Störchen.)

Kalif: Meine Güte, Großwesir, wie siehst du denn aus? So einen langen Schnabel habe ich noch nie gesehen!

Wesir: Und Sie erst, Herr Kalif. Diese dünnen roten Beinchen! Dieser riesige Storchenschnabel! Nein wirklich, zu komisch. Kalif Storch! Ist das nicht verlachhaft? *(Bleibt dabei ernst.)*

Kalif: Kalif Storch, was für ein komischer Name. Ach, Großwesir, geh doch einmal eine Runde. Nein, wie lustig du gehst. Zum Totlachen. *(Bleibt dabei auch ernst.)*

Wesir: Bloß nicht lachen. Sonst vergessen wir das Zauberwort!

Kalif: Aber woher denn. Ich lache nie! Komm, gehen wir rüber zu den anderen Störchen. Was die wohl zu erzählen haben?

Storch 1: Guten Morgen, Frau Langbein, so früh schon auf?

Storch 2: Schönen Dank, lieber Klapperschnabel. Haben Sie bereits gefrühstückt?

Kalif: Der arme Frosch!

Storch 1: Was sagt der Kerl da? Wie komisch der redet! Also, frühstücken mag ich heute nicht. Ich bin viel zu aufgeregt. Wissen Sie, ich soll heute vor den Gästen meines Vaters tanzen. Und da muss ich noch etwas üben. Sehen Sie! *(Tanzt komische, hüpfende, gespreizte Schritte.)*

Kalif: Nein, wie wunderlich. Das nennt sie tanzen! Beim Barte des Propheten, so was Lustiges habe ich mein Leben lang noch nicht gesehen. Ha ha ha ...

Wesir: He he he hi hi hi ...

Storch 2: Haltet den Schnabel, ihr ekelhaften Kerle! Komm, wir fliegen anderswohin!

Kalif: Ha ha ha, selten so gelacht.

Wesir: Beim Barte des Propheten! Jetzt haben wir wirklich gelacht. Und das Zauberwort, wie war das bloß? Mu – mu – mu ...

Kalif: Total vergessen. Lieber Himmel! Mu – mu ...

Wesir: Muskatnuss! Falsch. Mu ...

Kalif: Muttersöhnchen! Falsch. Mu – mu …

Wesir: Mu – mu – mu … zum Teufel. Wir sind verloren.

Kalif: Ich hab's! Das Wort steht doch auf der Dose. Wo habe ich sie bloß? Ach ja, hier liegt sie. *(Versucht zu lesen.)* Komisch, ich versteh das nicht. Lies du.

Wesir: Äh … ich kann es nicht lesen. Ich kann die Menschenschrift nicht mehr lesen. Wir armen Störche!

Kalif: So sind wir also verloren. Kalif Storch und Großwesir Storch. Mu – mu – mu …

Erzähler: So oft sich der Kalif auch bückte, so sehnlich auch sein Großwesir „Mu – mu – mu …“ dazu rief, jede Erinnerung an das Zauberwort war entschwunden. Traurig schritten die Verzauberten durch die Felder. Sie wussten gar nicht, was sie in ihrem Elend anfangen sollten. Wer hätte von einem Storch geglaubt, dass er der Kalif sei? So saßen sie schließlich auf dem Turm und schauten bekümmert auf ihre Stadt hinunter. Am ersten Tag ihres Verschwindens bemerkten sie große Unruhe und Trauer in den Straßen. Am dritten Tag sahen sie einen prächtigen Aufzug. Trommeln und Pfeifen ertönten, ein Mann in einem goldbestickten Purpurmantel saß auf einem geschmückten Pferd, umgeben von glänzenden Dienern.

Dritter Akt

Auf den Zinnen der Stadt.

Wesir: Herr Kalif, Herr Kalif, hören Sie die Menschen rufen? Welch ein Unglück, sie rufen: Heil dem Kalifen Mizra! Heil dem neuen Herrscher von Bagdad! Doch. Dort unten zieht er in unseren Palast ein!

Kalif: Unglaubliche Frechheit! Da muss ich gleich nach dem Rechten sehen. Den Burschen knöpfe ich mir vor.

Wesir: Aber wie, mein Herr Kalif? Als Kalif Storch?

Kalif: Ach, da hast du weise gesprochen. Wir sind verloren. Sag, wie ist der Name des Schurken?

Wesir: „Mizra!“, rufen die Leute.

Kalif: Mizra. Aha. Hieß nicht der Krämer so? Der uns das Pulver verkauft hat? Der elende Zauberer! Mit seinem Storchentrick hat er uns aus dem Weg geräumt!

Wesir: Alles aus und verloren!

Eule: Noch nicht!

Kalif: Hast du „noch nicht“ gesagt?

Eule: Nein, ich! Ich, die Eule. Ich sitze hier in der Nische.

Wesir: So etwas. Eine Eule, die sprechen kann!

Eule: So etwas. Störche, die sprechen können! Sagt, seid ihr wirklich der Kalif von Bagdad und sein Großwesir?

Kalif, Wesir: So ist es. Seid ihr etwa auch verzaubert worden?

Eule: Ja, auch vom bösen Zauberer Mizra. Ich bin eine verzauberte Prinzessin. Mein Vater, der König von Indien, hat den bösen Zauberer Mizra vom Hof verjagt. Aus Rache hat dieser mich in eine Eule verwandelt. Erst wenn jemand das Zauberwort spricht, werde ich wieder zur schönen Prinzessin.

Kalif: Das verflixte Zauberwort, das uns wieder zu Menschen macht!

Eule: Ich weiß nur, es war etwas mit Mu!

Wesir: Mu – mu – mu ...

Stimme: Was ist da los? Sind da Kühe im Turm?

Eule: Pssst. Das ist der Wächter des Turms. Leise, leise. So finden wir das Wort nie.

Wesir: Vor drei Tagen habe ich es noch gewusst! Und der einzige, der es heute weiß, ist der Schurke Mizra, der falsche Kalif.

Kalif: Und der verrät es uns nie!

Eule: Uns verrät er es nie. Aber womöglich verrät er es seinen Kumpanen? Warum fliegen wir nicht einfach hinüber zum Palast und belauschen den Zauberer Mizra? Vielleicht sitzt er dort mit seinen Kumpanen zusammen und trinkt und prahlt?

Kalif: Gute Idee. Das ist unsere letzte Chance. Kommt! Lasst uns fliegen!

Erzähler: Und so flogen Kalif Storch, sein Großwesir und Prinzessin Eule zum Palast. Sie setzten sich auf die Fensterbank und lauschten. Und da saß tatsächlich der üble Zauberer Mizra im Kreise seiner Kumpane.

Vierter Akt

Im Palast. Die verzauberten Tiere hocken in einem Fenster und lauschen. Der Krämer und zwei Kumpane sitzen im Raum.

1. Kumpan: Ho ho ho, das war ja ein toller Streich! Ein Hoch dem schlauen Kalifen Mizra!

Mizra: Ich bin schon ein schlauer Teufel. Und niemals werden der Kalif Storch und sein Großwesir das Zauberwort erfahren!

1. Kumpan: Was ist denn da am Fenster? Zwei Störche?

2. Kumpan: Pssst, sei doch still. Aber sag, Mizra, wie lautet denn nun das Zauberwort?

Mizra: Ganz einfach. Es lautet Mu..., Moment, ich will zuerst gucken, ob die Luft rein ist. Niemand unter dem Sofa? Nichts hinter dem Schrank? Gut, so hört, meine Freunde. Das Zauberwort lautet: Mutabor.

2. Kumpan: Mutabor!

Kalif, Wesir, Eule *(Springen vom Fenster in den Thronsaal):* Muuuutaaaaaboooor! *(Alle drei verwandeln sich in Menschen zurück.)*

1. Kumpan: Der Ka-, Ka-, Ka- ... Der Kalif ist wieder da!

2. Kumpan: Der Gro-, Gro-, Gr – ... Großwesir! Gnade, Gnade! Nichts wie weg.

Mizra: Die Pri-, Pri- ... Prinzessin!

Erzähler: Und so kam die Geschichte vom Kalif Storch zu einem guten Ende. Die Prinzessin nahm den Kalifen zum Mann, und gemeinsam lebten sie glücklich und zufrieden. Dem bösen Mizra aber befahlen sie, tüchtig vom Zauberpulver zu schnupfen, bis er in einen Storch verwandelt war. Der Kalif ließ ihn in einen eisernen Käfig sperren und diesen in seinem Garten aufstellen. Und langweilig, nein langweilig wurde ihnen nie mehr.

Norbert und Thomas Landa

Prinz Mutig

Ein Kind sieht sechs Kinder im Halbkreis stehen und fragt: „Was ist das?“ Darauf das erste der Halbkreiskinder: „Das ist der Anfang eines Spiels. Ich bin eine Buche.“

Nächstes Kind: „Ich bin eine Föhre.“

Nächstes Kind: „Auch ich bin eine Föhre.“

Nächstes Kind: „Ich bin wieder eine Buche.“

Nächstes Kind: „Und ich eine zweite Eiche.“

Kind: „Also ein Wald?“

Erste Föhre: „Vielleicht ein Wald, vielleicht ein Park.“

Zweite Föhre: „Im ersten Fall stündest du auf einer Waldwiese, im zweiten auf einem sorgfältig geschnittenen Rasen.“

Kind setzt sich: „Ich stünde nicht, ich säße. Und was heißt das vielleicht? Ist das nun ein Park oder ein Wald?“

Erste Buche: „Die wichtigste Regel unseres Spiels heißt: Alles wird so, wie du willst. Alles ist deiner Fantasie überlassen.“

Kind: „Gut, dann. Ein starker Wind weht, fast schon ein Sturm.“

(Die Bäume schwanken gleichmäßig, ahmen Rauschen nach.)

Kind: „Kusch dich, Wind.“ *(Bäume stehen still.)* „Es funktioniert, tatsächlich. Nun – da ich schon sitze – schaut genau hin. Ich ziehe die Beine an und … *(streckt die Arme vor, beginnt zu rudern, rückwärts rutschend)*. Merkt ihr was?“

Zweite Buche: „Hübsche Idee. Ein Teich. Du in einem Boot.“

Textwerkstatt
Seite 180

Zweite Eiche: „Oder die Bucht eines Sees."
Kind: „Eine Bucht. Und ihr spiegelt euch im Wasser."
(Sie neigen sich leicht vor. Das Kind hört auf zu rudern.)
Erste Föhre: „Bist du müde?"
Kind: „Nein. Aber da ist ein Seerosenteppich, den will ich nicht zerstören. Und es ist heiß, *(rudert zur zweiten Föhre, steigt aus)* ich lege mich in den Schatten der Tanne."
Zweite Föhre: „In den Schatten der Föhre!"
Kind: „Der Tanne. Befiehlt hier meine Fantasie oder nicht? Tannen geben mehr Schatten."
(legt sich hin)
Erste Eiche: „Aber schließ die Augen nicht, sonst schläft auch das Spiel ein."
Kind: „Nein *(setzt sich auf)*. Ich beobachte zwei Hirsche, die da drüben Wasser trinken."
(Zwei weitere Kinder knien hin, trinken.)
„Ein Jäger pirscht sich hinter den Eichen an."
(Anderes Kind tut so, als ob es ziele.)
Erste Buche: „Immer diese Schießerei."
Kind: „Da hast du ausnahmsweise Recht. Ich habe mich getäuscht. Der Mann hinter den Eichen ist ein Prinz. Er tritt ans Ufer, schaut verliebt zu mir herüber. Denkt wohl, ich hol ihn mit dem Boot ab."
Zweite Buche: „Na also, rühr dich endlich!"
Kind: „Wozu? Wenn er mich wirklich liebt, schwimmt er zu mir, oder er nimmt den Umweg den Bäumen entlang. – Na, er tut ja weder das eine noch das andere."

Erste Eiche: „Logisch. Weil du dich nicht entscheidest. Er wartet auf ein klares Zeichen von dir."
Kind: „Das wird er bekommen, vielleicht rascher, als ihm lieb ist. Aber nun zuerst die Hirsche, sonst trinken sie inzwischen den See leer: Ab ins Dickicht mit euch. Und jetzt wird es kalt *(legt die Arme um sich)*. Noch viel kälter *(klappert mit den Zähnen)*. Die Bäume werfen ihre Blätter ab *(Bäume schütteln sich)*. Doch nicht ihr, Föhre und Tanne, ihr seid immer grün."
Erste Föhre: „Entschuldigung."
Tanne: „Was mach ich jetzt mit den nackten Ästen?"
Kind: „Dein Problem. Und du, Prinz Mutig, vorwärts, quer über den See. *(Prinz schrittelt sehr vorsichtig.)* Wie langsam der geht. Das halt ich nicht aus. Bin ja schon halb erfroren."
Erste Buche: „Aber lass dir nicht einfallen, Tauwetter zu bestellen, jetzt, wo der Prinz mitten auf dem Eis steht."
Kind: „Ah. So viel Mitleid mit ihm. Aber, ob ich umkomme, kümmert dich nicht."
Zweite Buche: „Du allein wolltest es so."
Erste Eiche: „Wer hat den Winter herbefohlen?"
Zweite Eiche: „Hättest dir eben erst einen Pelzmantel wünschen müssen. Auch die Fantasie muss genau sein!"
Kind: „Ich will überhaupt nichts mehr müssen. Zum Kuckuck mit einem Spiel, in dem ich an allem schuld sein muss. Sollen doch andere meine Rolle spielen."

Hans Manz

Das fliegende Klassenzimmer – der Film

Regie: Tomy Wigand
Deutschland 2002, 114 Min.,
ohne Altersbeschränkung

Jonathan ist schon von acht Internaten geflogen. So glaubt er nicht, es werde ihm nun in Leipzig am Internat des berühmten Thomanerchors anders ergehen. Umso überraschter ist er, dass die Jungen in seinem Schlafsaal schnell und unkompliziert seine Freunde werden: Martin, der kleine Uli, Kreuzkamm Junior und Matz. Und sogar Mona, die Anführerin der „externen" Schüler, die nicht im Internat wohnen und den „Internen" oft üble Streiche spielen, ist ihm offenbar wohlgesonnen.
In einem verlassenen Eisenbahnwaggon, dem Geheimtreff der Freunde, begegnen sie einem geheimnisvollen Fremden.

Textwerkstatt
Seite 182

Und sie finden das Manuskript zu einem Theaterstück, das sie zu Weihnachten an der Schule aufführen wollen. Unverständlich nur, dass der sonst so nette und verständnisvolle Lehrer Justus Bökh beinahe ausrastet, als er zufällig davon erfährt. Jonathan ist darüber so sauer, dass er aus Versehen einen Brand in der Schule verursacht.

Jonathan droht ein Schulverweis und die aufgebrachten Eltern möchten auch Justus Bökh verabschieden. Da wird es höchste Zeit, dass die Schüler zusammenhalten und die Erwachsenen endlich Farbe zu ihren eigenen Jugendsünden bekennen.

Text: Thomas Werner
Fotos: Cinetext, Frankfurt a. M.

Erich Kästner schrieb das Buch zum Film schon 1928. Es ist vorher schon verfilmt worden: 1954 und 1973. Die neueste Verfilmung ist in die heutige Zeit versetzt worden. Aber das, was Kästner sagen wollte, ist Inhalt geblieben: wie wichtig Freundschaft zwischen allen Menschen ist.

Das fliegende Klassenzimmer – das Buch

Die fünf Freunde bei Erich Kästner:

Martin Thaler ist der Klassenbeste, kann aber auch gut malen. Er ist mit Johnny befreundet.

Jonathan Trotz, genannt Johnny, ist Verfasser des Theaterstücks mit dem Titel „Das fliegende Klassenzimmer".

Matthias Selbmann, Matze genannt, hat immer Hunger und will Boxer werden. Er ist Ulis Freund und Beschützer.

Uli von Simmern, der Kleinste in der Klasse, hat oft Angst und wird deshalb von den anderen gehänselt.

Sebastian Frank fängt manchen Streit an, ist sehr selbstbewusst und hat auch vor größeren Schülern keine Angst.

Der Mutsprung

In der Pause kletterte Uli aufs Katheder und rief: „Ruhe!" Aber die anderen lärmten weiter. „Ruhe!", rief er zum zweiten Mal. Es klang wie ein gequälter Aufschrei. Und da wurden sie alle still. Uli war blass wie ein Handtuch. „Ich möchte euch mitteilen", sagte er leise, „dass ich das nicht mehr aushalte. Ich werde noch ganz krank davon. Ihr denkt, ich bin ein Feigling. Nun, ihr werdet's ja sehen. Ich fordere euch auf, heute um drei Uhr auf den Turnplatz zu kommen. Um drei Uhr. Vergesst es aber nicht!" Dann stieg er wieder herab und setzte sich auf seinen Platz. „Was soll das denn heißen, Kleiner?", fragte Matthias. Auch Martin und Johnny kamen an und wollten wissen, was er eigentlich vorhabe. Er schüttelte beinahe feindselig den Kopf und meinte: „Lasst mich nur gehen! Ihr werdet's schon sehen."

Drei Uhr nachmittags

Uli hatte sich, ohne dass die anderen es gemerkt hätten, aus der Turnhalle gestohlen. Über fünfzig Jungen standen neugierig auf der verschneiten Eisbahn und erwarteten ihn.

Textwerkstatt
Seite 176

„Vielleicht kommt er überhaupt nicht“, sagte einer. Aber da kam Uli schon. Er ging wortlos an ihnen vorüber und schritt auf die eisernen Kletterstangen zu, die am Rande des Platzes standen. „Wozu hat er eigentlich einen Schirm mit?“, fragte jemand. Aber die anderen machten „pst!“.
Neben den Kletterstangen erhob sich eine hohe Leiter. Eine der üblichen Turnleitern. Uli trat an die Leiter heran und kletterte die eiskalten Sprossen hinauf. Auf der vorletzten Sprosse machte er Halt, drehte sich um und blickte zu der großen Jungensmenge hinunter. Er schwankte ein bisschen, als ob ihm schwindle. Dann riss er sich zusammen und sagte laut: „Die Sache ist die. Ich werde jetzt den Schirm aufspannen und einen Fallschirmabsprung machen. Tretet weit zurück, damit ich niemandem auf den Kopf fliege!“
Einige Jungen meinten, Uli sei komplett verrückt. Aber die meisten drängten stumm rückwärts und konnten das aufregende Schauspiel nicht erwarten.

Die vier Jungen, die in der Turnhalle arbeiteten, hatten die Bühnenbilder für heute endgültig in die Ecke geschoben. Matthias drehte sich suchend um und fragte: „Wo ist denn eigentlich der Kleine? Er ist weg!“
Johnny sah auf die Uhr. „Es ist kurz nach drei“, sagte er. „Uli hatte doch um drei Uhr irgendwas vor.“ „Freilich“, rief Martin. „Auf dem Turnplatz draußen. Da bin ich aber neugierig.“
Sie verließen die Halle und liefen zu dem Platz hinüber. Sie bogen um die Ecke und blieben wie angewurzelt stehen. Der Platz war voller Schüler. Und alle schauten zu der hohen Turnleiter hinauf, auf der Uli mühsam balancierte. Den aufgespannten Regenschirm hielt er hoch über sich.
Martin flüsterte: „Um Gottes willen! Er will herunterspringen!“
Und schon rannte er über den Platz, und die anderen drei folgten ihm.
Der Turnplatz war, trotz des Schnees, höllisch kalt. Johnny fiel hin.
„Uli!“, schrie Matthias. „Tu’s nicht!“ Doch in diesem Augenblick sprang Uli ab. Der Schirm stülpte sich sofort um. Und Uli sauste auf die verschneite Eisfläche hinab. Er schlug dumpf auf und blieb liegen …

Erich Kästner • Walter Trier

Computer-Miri

Miri schaltet den Computer ein. Schon wird sie begrüßt: Willkommen! Der Schreibtisch erscheint: kleine Ordner, säuberlich beschriftet:

Rudi, Briefkopf, Englisch.

Miri öffnet das Englisch-Programm. Es gongt; auf dem Bildschirm steht:

Hello, how are you?

Miri klickt in den lächelnden Smiley: ☺ 😐 ☹.

Es geht ihr ganz gut.

That's fine. Let's begin.

Der Computer fragt Miri Vokabeln ab. Er hat Geduld. Immer wieder kommt er auf die Wörter zurück, die Miri nicht in den Kopf wollen. Er lobt Miri, wenn sie sich einen Begriff merkt. Der Computer warnt Miri sogar, wenn ein Wort folgt, das sie immer mit einem anderen verwechselt. Der Computer ist erträglicher als der Nachhilfe-unterricht von Miris Mutter. „In deinem Alter habe ich in Englisch eine 1 gehabt", hat er noch nie behauptet. „Du bist unkonzentriert", ist bei ihm nicht einprogrammiert. Ein Glück!

Zur Entspannung, nach Englisch, verziert Miri ihr Computer-Briefpapier. Den Brief an Rudi hat sie 13-mal umgeschrieben, verbessert, neu bemalt. Rudi hat auch einen Computer. Und Miri interessiert sich für ihn, für Rudi, für seinen Computer nicht ganz so sehr. Der Brief ist jetzt so schön, dass Miri sich kaum traut, ihn Rudi zu geben. Sie ruft die allererste Fassung aus dem Speicher auf, druckt sie aus.

Für Rudi

Hallo, hast du Lust, mir auch mal einen Computer-Brief zu schreiben?

Ich habe japanische Kalligraphie-Pinsel.

`Und auch einfache Schrift.`

Am nächsten Tag, in der Mathestunde, schiebt Miri Rudi das Briefchen zu. Rudi grinst. Er schreibt: „Kannst ja heute Nachmittag zu mir kommen, ich habe 120 Spiele!" Drei Stunden später sitzt Miri neben Rudi an dessen Computer. Rudi hat ein Spiel eingelegt.

Die Joysticks zwischen den Oberschenkeln starren beide auf den Bildschirm: Wer reagiert schneller, bewegt den roten Knüppel geschickter hin und her? Rudi natürlich, schließlich hockt er tagelang am Computer und knallt und schießt wie wild um sich.
„Sag mal, macht dir das eigentlich Spaß, dieses ewige Rumballern?“, fragt Miri, nachdem sie das erste Spiel verloren hat.
„Wieso? Magst du lieber ’n anderes?“ Rudi wartet die Antwort nicht ab, legt ein neues Spiel ein. Wieder geht es um Zeit, um Reaktionsgeschwindigkeit. Rudi sitzt da mit hochrotem Kopf, die Hände an den Joystick gepresst. Er sieht gebannt auf den Bildschirm, merkt nicht, wie Miri ihren Joystick beiseite legt und sein Zimmer betrachtet.
An den Wänden hängen Poster, überall liegen Disketten herum, auch einige Musikkassetten sind dazwischen. Die hätte Miri lieber angehört. Überhaupt hatte sie gedacht, dass man sich etwas unterhalten könnte ... Rudi brüllt auf: „Wahnsinn, Wahnsinn!“
Er hat seinen eigenen Geschwindigkeitsrekord unterboten.
Miri dreht sich zu ihm um: „Am besten spielst du nur noch gegen dich selbst!“ Rudi spürt die feine Ironie nicht. „Ja, du, ich hab auch tolle Adventure Games. Da musst du dich durch den Urwald schlagen.“
Miri winkt ab: „Wenn Abenteuer, dann richtige. Bildschirm-Urwald interessiert mich nicht.“
Rudi ist überrascht: „Was willst du eigentlich?“ Er dämpft seine Stimme: „Ich habe auch verbotene Spiele, richtige fiese Kriegsspiele, hab ich mir heimlich kopiert.“
Miri holt tief Luft. „Mensch, Krieg find ich grauenvoll, ich hab keinen Spaß, andere umzubringen. Ich kann darüber nicht lachen.“
„Aber es geht doch nur um Punkte!“
„Und dieser Geschwindigkeitsfanatismus geht mir auch auf den Nerv. Ich würde doch nie zu einem Autorennen latschen und zugucken, wer als Erster um die Ecke quietscht.“
„Ich finde das geil.“
„Und ich find’s kindisch.

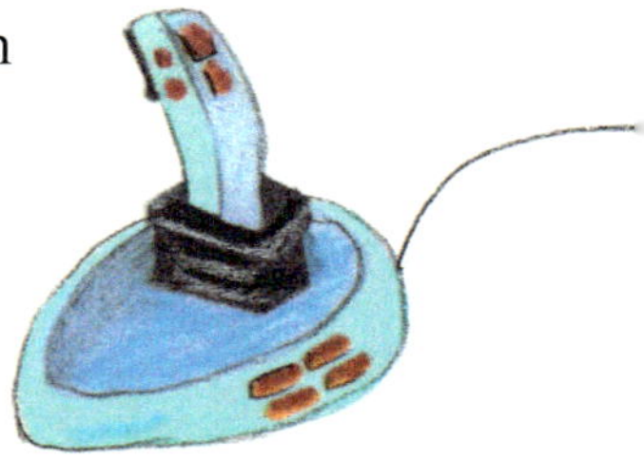

Na ja, das sind die gewissen Unterschiede ...“

„Wofür hast du dann überhaupt einen Computer?“

Miri sieht Rudi gequält an: „Ach, das verstehst du sowieso nicht.“

Zu Hause setzt Miri sich gleich wieder an den Computer. Sie gibt den Befehl ein:

Rudi 1 – 13 Exit.

Auf dem Bildschirm erscheint die Nachfrage:

Wollen Sie den Inhalt wirklich löschen?

Und Miri bestätigt: Exit.

Miris Mutter steckt den Kopf durch die Tür: „Du wirst ja noch ein richtiger Computerfreak.“ Miri lacht ihre Mutter an: „Wirklich nicht!“

Sabine Jörg

Computer-Gedicht

ENTER
Komm rein
BREAK
Mach mal Pause
RETURN
Komm bald wieder

Wolf Harranth

Kleines PC-Lexikon

Internet Das Internet ist das größte Computernetzwerk der Welt. Es besteht aus vielen miteinander verbundenen Netzwerken und Einzelcomputern. Im Internet kannst du einige so genannte „Internet-Dienste" nutzen. Diese Dienste sind zum Beispiel: E-Mail-Dienste, Suchdienste, Foren (z. B. Chats) und viele andere mehr.

WWW (= World Wide Web) WWW ist die Abkürzung für „World Wide Web", was übersetzt so viel wie „weltweites Netz" heißt. Das World Wide Web ist der Teil des Internets, in dem du dich momentan befindest. Das WWW ist der jüngste Internet-Dienst, der sich dadurch auszeichnet, dass du neben Texten auch Bilder und Klänge übertragen kannst. Auch Links (Verweise) gibt es nur im WWW.

E-Mail Eine E-Mail zu schreiben ist eigentlich nichts anderes als einen Brief zu schreiben, nur eben am Computer. Deine Nachricht kommt als E-Mail schneller zum Empfänger als per Brief. Du kannst aber nicht nur einen reinen Text verschicken, sondern auch Bilder, Töne oder kleine Filme. Diese werden dann, um es in der Internet-Sprache zu sagen, „angehängt".

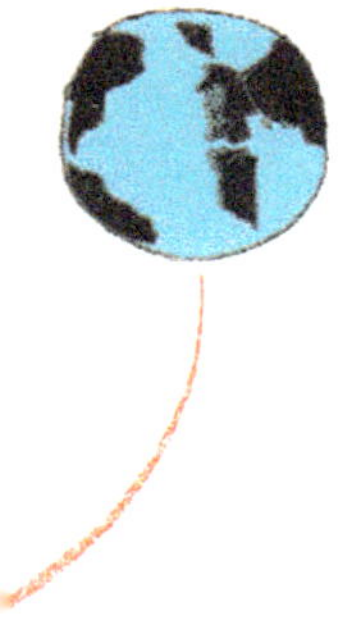

Homepage Dieser Begriff ist englisch und bedeutet so viel wie Leit- oder Heimseite. Eine Homepage kannst du dir wie ein Buch vorstellen. Ein Buch hat vorne meist ein Inhaltsverzeichnis, die Homepage sozusagen. Das Inhaltsverzeichnis sagt dir, wo du eine bestimmte Seite finden kannst, genau wie die Homepage. Nur dass du in dem Buch blättern und auf einer Homepage klicken kannst.

Browser Das ist englisch und bedeutet so viel wie umblättern oder schmökern. Er ist das Programm, mit dem du die Seiten im Internet ansehen kannst. Ohne den Browser wäre das nicht möglich. Die bekanntesten Browser sind der „Netscape Navigator" und der „Microsoft Internet Explorer". Ein Browser bietet einige Vorteile beim Surfen im Internet. Zum Beispiel kannst du deine Lieblingsseite dort speichern, damit du sie immer schnell finden kannst.

Textwerkstatt
Seite 173

Die Schülerzeitung informiert

Gratulation dem 4. Schuljahr!

Große Freude: Die Radfahrprüfung ist bestanden. Unsere Reporter haben nachgefragt.

Herzlichen Glückwunsch! Fühlt ihr euch jetzt sicherer im Straßenverkehr?

Carolin, Marcel: Ja, richtig sicher! Vorher war es kompliziert mit den vielen Verkehrsschildern.
Irem: Die Polizisten haben uns alles richtig gut erklärt.

Was war schwerer, die vielen Verkehrsregeln zu lernen oder die praktische Fahrprüfung?

Wibke: Ich war bei der praktischen Prüfung erst sehr aufgeregt, aber dann war es doch ganz leicht. Ich kannte ja die Strecke, weil wir sie geübt hatten.
Lukas: Die Verkehrsregeln zu lernen war schwer, weil ich mir die Schilder schlecht merken konnte.

Was hat euch am Radfahrtraining besonders gefallen?

Marcel: Mir hat das Arbeitsheft zum Radfahrtraining gut gefallen. Da waren viele Bilder und genaue Erklärungen drin.
Carolin: Das Üben auf der Straße hat mir besonders gefallen.

Für Radfahrer ist in unserer Stadt schon viel getan worden. Trotzdem: Was sollte deiner Meinung nach verbessert werden?

Wibke: Für mich sind die Radwege am wichtigsten. Ich bin nicht so sicher, wenn ich auf großen Straßen fahre.
Lukas: An manchen Straßen stehen keine Ampeln und man kommt so schlecht drüber, gerade da, wo viele Autos sind.

Ihr wisst ja: Bis zum Alter von 10 Jahren dürft ihr bei brenzligen Situationen den Gehweg benutzen. Und jetzt viel Spaß beim Radfahren – aber passt gut auf!

Auf der Crossbahn

Die Klasse 4 b war unterwegs auf der neuen Crossbahn im Stadtwald. Die Schülerzeitung fragt nach: Wie gefällt es euch dort?

Max: Ich finde es wirklich toll. Ich bin früher schon mit meinen Freunden gerne Treppen hochgefahren oder kleine Rampen hoch. Das hier ist aber ganz was anderes.
Umut: Und hier können wir uns am Nachmittag prima verabreden. Das ist schon fast wie in einem Fahrradclub.
Tobias: Was mir besonders gefällt: Auf der Bahn dürfen wir kreuz und quer fahren. Da meckert keiner, dass wir verschwinden sollen oder nicht so laut sein sollen.

Müsst ihr da besondere Fahrräder haben?

Chantal: Eigentlich nicht. Ich habe aber zwei Räder, ein BMX-Rad und ein Straßenfahrrad.
Kai: Ich nehme immer mein Fahrrad, mit dem ich auch zur Schule fahre. Das hat dicke Reifen und ich rutsche nicht so leicht aus.
Laura: Ein bisschen leiden die Fahrräder schon, besonders wenn der Sand so trocken ist. Das merkt man richtig, wenn die Kette so knirscht.

Braucht man eine besondere Ausrüstung hier auf der Crossbahn?

Marcel: Natürlich den Helm, den brauche ich auf der Straße ja auch. Ich nehme mir auch die Arm- und Knieschoner mit, so ähnlich wie beim Inlineskating.

Sarah: Wir wollen ja fahren wie die Profis. Und das ist richtig sportlich. Da sollte man sich besser gut schützen.

Die Schülerzeitung informiert

Reifenpanne – kein Problem

Sieh zuerst nach, ob sich nicht einfach das Ventil geöffnet hat. Wenn nicht, stelle dein Rad auf den Kopf. Sieh den Reifen nach Nägeln oder Glassplittern durch und entferne sie vorsichtig.

Was du brauchst:
- Flickzeug mit Flicken
- Schmirgelpapier und speziellen Kleber
- 3 Reifenheber aus Kunststoff
- eine Luftpumpe
- Schüssel mit Wasser

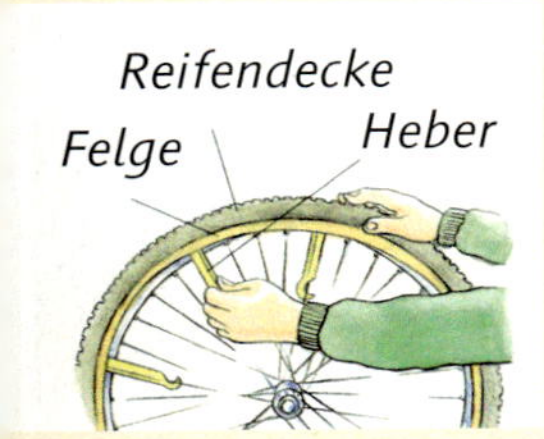

1

Lass die restliche Luft aus dem Schlauch und greife gegenüber dem Ventil mit dem Reifenheber unter die Reifendecke.
Drücke die Reifendecke über den Felgenrand und hake den Heber in einer Speiche ein. Die anderen beiden Heber hakst du genauso ein. Jetzt ziehe die Reifendecke mit den Hebern rundherum behutsam über die Felge. 1

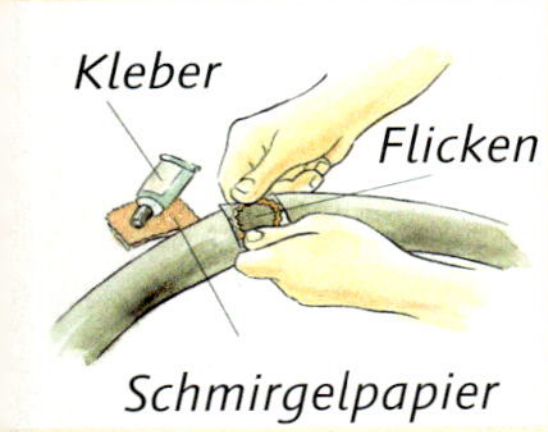

2

Ziehe den Schlauch heraus und pumpe ihn auf. Tauche den Schlauch in Wasser, dann zeigen Luftbläschen das Loch an. Markiere das Loch sichtbar. Lass die Luft ab.

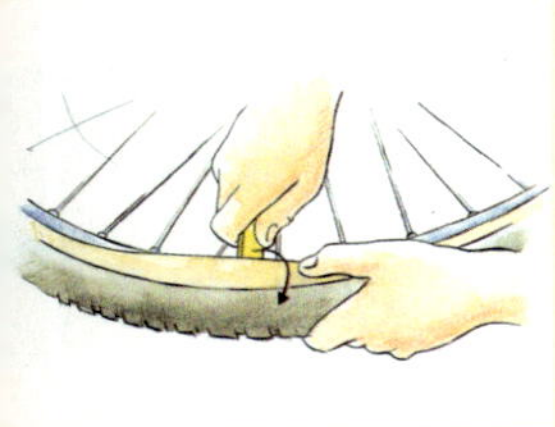

3

Raue die Stelle rund um das Loch mit Schmirgelpapier auf und bestreiche sie dünn mit Kleber. Lass ihn 3 Minuten antrocknen. Ziehe die Folie vom Flicken ab. Klebe ihn auf das Loch und drücke ihn ca. 15 Sekunden fest an. 2

Pumpe den Schlauch leicht auf. Ziehe die Reifendecke wieder über den Felgenrand, beginne beim Ventil und achte darauf, dass es gerade sitzt. 3
Wenn links und rechts vom Ventil ein paar Zentimeter übrig sind, drücke das Ventil leicht ins Innere der Felge und hebe die Reifendecke langsam weiter über den Rand. Benutze dabei die Heber, damit du keine neuen Löcher in den Reifen machst. Wenn das Ventil gerade sitzt, schraube es mit der Ventilmutter fest.
Achte darauf, dass auch die Decke richtig auf der Felge sitzt.
Jetzt kannst du den Schlauch ganz aufpumpen.

Welches Rad passt zu dir?

Bevor du dich für ein bestimmtes Fahrrad entscheidest, solltest du erst einmal überlegen, wofür du es benutzen willst und wo du damit fahren möchtest.

Das Mountainbike

Wenn du auf dem Land wohnst oder die Landschaft bei euch hügelig ist, dann kannst du ein Fahrrad mit vielen Gängen gut gebrauchen, beispielsweise ein Mountainbike. Das hat außerdem breite Reifen mit tiefen Stollen. Sie sind vor allem hilfreich, wenn du durch matschige Wiesen oder über aufgeweichte Feldwege fahren willst. Je breiter die Reifen sind, desto schwergängiger ist das Rad allerdings. Wenn du ein Mountainbike kaufst, musst du darauf achten, dass es straßentauglich ist. Es muss also mit Licht, Schutzblechen und Gepäckträger ausgestattet sein.

Das Rennrad

Das Rennrad erkennst du an den sehr schmalen Reifen, dem dünnen Rahmen und dem nach unten gebogenen Rennlenker. Es ist ein sehr leichtes Rad, mit dem du schnell vorwärts kommst. Wegen der schmalen Reifen und der geringen Federung ist es weniger für unebene Wege, sondern eher für feste Straßen geeignet. Auf diesem Rad sitzt du stark gebeugt und deine Füße stecken in Fußhaken. Als Anfänger solltest du dich daher nicht für das Rennrad entscheiden.

Das All-Terrain-Bike

Wenn du in der Stadt wohnst und die Gegend eher flach ist, brauchst du nicht so viele Gänge und benötigst eher schmale Reifen. Dann ist vielleicht ein All-Terrain-Bike (kurz: ATB), ein Trecking-rad oder ein Rad mit 3 bis 5 Gängen am besten für dich.
Ihre Rahmen sind immer dünner als beim Mountainbike und dicker als beim Rennrad.
Du sitzt aufrecht und hast dadurch einen guten Überblick.
Wenn du dein Rad eher als Fortbewegungsmittel und weniger als Sportgerät nutzen möchtest, ist dir mit diesen Fahrradtypen am besten gedient.

Dorothee Meyer-Kahrweg

Mountainbike

Rennrad

All-Terrain-Bike

Textwerkstatt
Seite 173

Vom Adler, der nicht fliegen wollte

Ein Mann ging in den Wald, um einen Vogel zu fangen, den er mit nach Hause nehmen konnte.
Er fing einen jungen Adler, brachte ihn heim und steckte ihn in den Hühnerhof zu den Hennen, Enten und Truthühnern.
Und er gab ihm Hühnerfutter zu fressen, obwohl er ein Adler war, der König der Vögel.

Nach fünf Jahren erhielt er den Besuch eines naturkundigen Mannes. Und als sie miteinander durch den Garten gingen, sagte der:
„Dieser Vogel dort ist kein Huhn, er ist ein Adler!"
„Ja", sagte der Mann, „das stimmt.
Aber ich habe ihn zu einem Huhn erzogen.
Er ist jetzt kein Adler mehr, sondern ein Huhn, auch wenn seine Flügel 3 Meter breit sind."

Textwerkstatt
Seite 176

„Nein", sagte der andere. „Er ist immer noch ein Adler, denn er hat das Herz eines Adlers. Und das wird ihn hoch hinauffliegen lassen in die Lüfte."
„Nein, nein", sagte der Mann, „er ist jetzt ein richtiges Huhn und wird niemals fliegen." Darauf beschlossen sie, eine Probe zu machen.

Der naturkundige Mann nahm den Adler, hob ihn in die Höhe und sagte beschwörend: „Der du ein Adler bist, der du dem Himmel gehörst und nicht dieser Erde: Breite deine Schwingen aus und fliege!"
Der Adler saß auf der hoch gereckten Faust und blickte sich um. Hinter sich sah er die Hühner nach ihren Körnern picken, und er sprang zu ihnen hinunter.

Der Mann sagte:
„Ich habe dir gesagt,
er ist ein Huhn!“
„Nein“, sagte der andere,
„er ist ein Adler. Versuche
es morgen noch einmal!“
Am anderen Tag stieg
er mit dem Adler auf das
Dach des Hauses, hob ihn
empor und sagte:
„Adler, der du ein Adler
bist, breite deine
Schwingen aus und
fliege!“

Aber als der Adler wieder
die scharrenden Hühner
im Hofe erblickte, sprang
er abermals zu ihnen
hinunter und scharrte
mit ihnen.
Da sagte der Mann
wieder: „Ich habe dir
gesagt, er ist ein Huhn!“
„Nein“, sagte der andere,
„er ist ein Adler, und er hat
immer noch das Herz
eines Adlers. Lass es uns
noch ein einziges Mal
versuchen; morgen werde
ich ihn fliegen lassen!“

Am nächsten Morgen erhob er sich früh, nahm den Adler und brachte ihn hinaus aus der Stadt, weit weg von den Häusern an den Fuß eines hohen Berges. Die Sonne stieg gerade auf, sie vergoldete den Gipfel des Berges, jede Zinne erstrahlte in der Freude eines wundervollen Morgens. Er hob den Adler hoch und sagte zu ihm: „Adler, du bist ein Adler. Du gehörst dem Himmel und nicht dieser Erde. Breite deine Schwingen aus und fliege!“ Der Adler blickte umher, zitterte, als erfülle ihn neues Leben – aber er flog nicht. Da ließ ihn der naturkundige Mann direkt in die Sonne schauen. Und plötzlich breitete er seine gewaltigen Flügel aus, erhob sich mit dem Schrei eines Adlers, flog höher und höher und kehrte nie wieder zurück.

Text: James Aggrey
Bilder: Wolf Erlbruch

Das ist der Hirbel

Der Hirbel ist der Schlimmste von allen, sagten die Kinder im Heim. Das war nicht wahr. Doch die Kinder verstanden den Hirbel nicht. Sie hielten sich ohnehin nie lange auf in dem Heim, einem Haus am Rande der Stadt, in das Kinder gebracht wurden, die herumstreunten, Kinder, mit denen ihre Eltern nicht mehr zurechtkamen, die von ihren Müttern verstoßen wurden, die bei Pflegeeltern waren und nicht „gut taten" – es war ein Durchgangsheim. Von dort wurde man in andere Heime geschickt. Den Hirbel wollte niemand, deshalb war er schon Stammgast in dem Haus am Rande der Stadt. Er war neun Jahre alt und so groß wie ein Sechsjähriger. Er hatte einen dicken Kopf mit dünnen blonden Haaren, die er nie kämmte, und einen mageren Leib. Trotzdem fürchteten alle seine Kraft. Beim Raufen siegte er immer.

Warum lernt Hirbel nichts oder was lernt er doch?

Du lernst nie was, haben die Pflegeeltern, die Leute in den Kliniken und in den Heimen immer zu Hirbel gesagt. Du bist einfach zu dumm. Das hat ihm erst wehgetan, später hat er sich, weil er die Leute foppen wollte, richtig dumm gestellt. Das war eine Waffe für ihn. Denn so dumm war der Hirbel nicht. Er konnte nur nicht lernen. Sein Kopf war dazu nicht gemacht. Sobald er sich hinsetzen musste, um zu lesen oder Buchstaben zu schreiben, kam die Unruhe in ihn. Er wetzte mit dem Hintern auf dem Stuhl hin und her, sprang auf, rannte im Zimmer rum und sagte: Das dauert zu lange. Der Hirbel hatte einfach keine Geduld. In seinem Kopf, von dem man sagte, dass er dumm sei, steckten zu viele Gedanken, Freuden und Ängste drin, die es ihm nicht erlaubten, das zu tun, was die Erwachsenen „ordentlich lernen" nennen.

Malen war ihm schon lieber. Nur musste es ganz schnell gehen. Er zeichnete Männchen, Häuser, doch mit Farbe ausmalen wollte er sie nicht mehr. Ein paar Buchstaben hatte er gelernt. Ein paar Wörter konnte er lesen, und er konnte seinen Namen schreiben: HIRBEL. Das war nicht einmal sein richtiger Name. Seinen richtigen Namen hatte er längst vergessen, er stand in den Akten, die von Heim zu Heim, von Klinik zu Klinik mit ihm wanderten. Fräulein Maier hatte versucht mit ihm zu „arbeiten". Sie hatte ihm Bilderbücher vorgelegt, die er nacherzählen sollte. In den Büchern standen auch Wörter, von denen er einige kannte. Wenn er eines fand, das er kannte, sagte er es und freute sich. Doch Fräulein Maier gelang es auch nur, ihm ein einziges Wort mehr beizubringen, das Wort BAUM. Aber dem Hirbel war der Apfelbaum im Garten lieber als das geschriebene Wort Baum. Die Leute, die von ihm sagten, er sei zu dumm, er lerne nichts, hatten nicht Recht. Er lernte eine Menge. Er lernte in Heimen zu leben, was nicht leicht ist. Er lernte die Bildertests auswendig, die die Ärzte und Psychologinnen mit ihm machten. Er lernte, Leuten auszuweichen, die ihn nicht mochten. Er lernte, sich gegen Kinder, die ihn angriffen, zu wehren. Er lernte es, Kopfweh zu haben und doch spielen zu können. Er lernte viel. Singen konnte er schon immer. Das musste er nicht lernen. Aber die Lieder, die er singen musste, waren wieder schwer zu lernen. Also lernte Hirbel im Grunde nur das, was er brauchte, um halbwegs durchzukommen, nämlich in Heimen und Kliniken zu leben, ohne allzu oft beschimpft oder verprügelt zu werden. Das hatte Hirbel gelernt.

Peter Härtling

Staune

dass du bist
erlebe die welt
als wunder
jedes blatt hat sein
geheimnis
jeder grashalm bleibt ein
rätsel

verlerne das staunen nicht
wenn man dir eintrichtert
wie normal und
einfach alles ist

Günter Ullmann

Ein Nasenhuhn

ein Nasenhuhn
ein Nasenzwerg
ein Nasenschwein
die gründeten
einen Verein

und als da kam
ein Ohrentier
da riefen sie:
„was willst du hier?“

ein Ohrenhuhn
ein Ohrenzwerg
ein Ohrenschwein
die gründeten
einen Verein

und als da kam
ein Nasentier
da riefen sie:
„was willst du hier?“

Jürgen Spohn

Textwerkstatt
Seite 185

Dialog

„Du redest so gut deutsch.
Wo kommst du denn her?“
„Aus Hamburg.“
„Wieso? Du siehst aber nicht so aus!“
„Wie sehe ich denn aus?“
„Na ja, so schwarzhaarig und dunkel ...“
„Na und?“
„Wo bist du denn geboren?“
„In Hamburg.“
„Und dein Vater?“
„In Hamburg.“
„Deine Mutter?“
„Im Iran.“
„Da haben wir’s!“
„Was denn?“
„Dass du keine Deutsche bist!“
„Wer sagt das?“
„Na ich!“
„Warum?“
„Weiß ich auch nicht ...“

Nasrin Siege

Was ich mir so denke

Man fühlt sich fremd,
wenn man sich nicht kennt.
Anders sein
heißt oft alleine sein.
Anders sein ist fremd fühlen.
Fremd fühlen ist anders sein.
Wer ist anders?
Nur Dicke, Ungeschickte, Behinderte?
Oder Alte, Junge, Große, Kleine,
Mädchen, Jungen, Schlaue,
Dumme, Reiche, Arme, Kranke,
Gesunde, Schwarze, Weiße?
Jeder ist anders!
Wer fühlt sich fremd?
Nur Ausländer?
Oder jeder, der allein im Urlaub ist,
jeder, der umzieht,
jeder, der in eine neue Klasse kommt?
Jeder fühlt sich woanders fremd!
Das ist fremd fühlen und anders sein.

Britta Engbring

Zaubertrankunterricht

Harry Potter darf eine Zauberschule besuchen. Er ist froh darüber, denn er hat keine Eltern mehr und muss bei unfreundlichen Verwandten leben. Schnell findet er in der Zauberschule in Hogwarts seine Freunde Hermine und Ron, mit denen er im Haus der Gruppe Gryffindor wohnt. Der Unterricht ist wie in allen Schulen der Welt: mal interessant, mal langweilig. Es gibt nette Lehrer wie Dumbledor, den Schulleiter, und sehr kluge wie Professor McGonagall, mit denen Harry sich gut versteht. Anders ist das mit einem Lehrer …

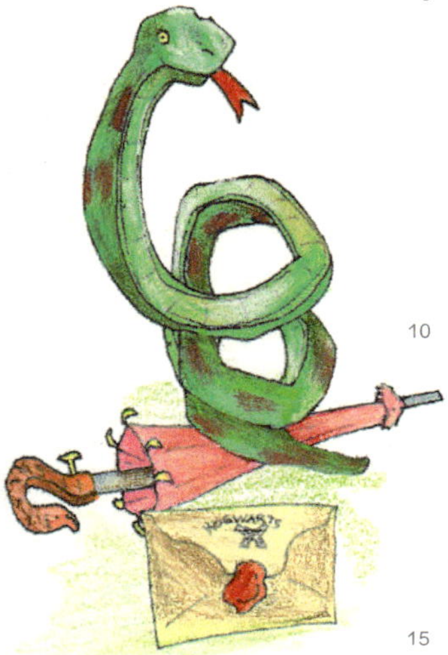

Der Zaubertrankunterricht fand tief unten in einem der Kerker statt. Hier war es kälter als oben im Hauptschloss, und auch ohne die in Essig eingelegten Tiere, die in großen, an den Wänden aufgereihten Gläsern herumschwammen, wäre es schon unheimlich genug gewesen. Snape begann die Stunde wie Flitwick mit der Verlesung der Namensliste, und wie Flitwick hielt er bei Harrys Namen inne. „Ah, ja“, sagte er leise. „Harry Potter. Unsere neue – *Berühmtheit*.“ Draco Malfoy und seine Freunde Crabbe und Goyle kicherten hinter vorgehaltenen Händen. Snape rief die restlichen Namen auf und richtete dann den Blick auf die Klasse. Seine Augen waren so schwarz wie die Hagrids, doch sie hatten nichts von deren Wärme. Sie waren kalt und leer und erinnerten an dunkle Tunnel. „Ihr seid hier, um die schwierige Wissenschaft und exakte Kunst der Zaubertrankbrauerei zu lernen.“

Es war kaum mehr als ein Flüstern, doch sie verstanden jedes Wort – wie Professor McGonagall hatte Snape die Gabe, eine Klasse mühelos ruhig zu halten. „Da es bei mir nur wenig albernes Zauberstabgefuchtel gibt, werden viele von euch kaum glauben, dass es sich um Zauberei handelt. Ich erwarte nicht, dass ihr wirklich die Schönheit des leise brodelnden Kessels mit seinen schimmernden Dämpfen zu sehen lernt.

Textwerkstatt
Seite 175, 176

Die zarte Macht der Flüssigkeiten, die durch die menschlichen Venen kriechen, den Kopf verhexen und die Sinne betören … Ich kann euch lehren, wie man Ruhm in Flaschen füllt, Ansehen zusammenbraut, sogar den Tod verkorkt – sofern ihr kein großer Haufen Dummköpfe seid, wie ich sie sonst immer in der Klasse habe.“

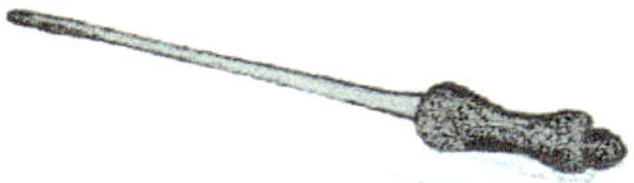

Die Klasse blieb stumm nach dieser kleinen Rede. Harry und Ron tauschten mit hochgezogenen Augenbrauen Blicke aus. Hermine Granger saß auf dem Stuhlrand und sah aus, als wäre sie ganz versessen darauf zu beweisen, dass sie kein Dummkopf war.

„Potter!“, sagte Snape plötzlich. „Was bekomme ich, wenn ich einem Wermutaufguss geriebene Affodillwurzel hinzufüge?“

Geriebene Wurzel wovon einem Aufguss wovon hinzufügen?

Harry blickte Ron an, der genauso verdutzt aussah wie er; Hermines Hand war nach oben geschnellt.

„Ich weiß nicht, Sir“, sagte Harry.

Snapes Lippen kräuselten sich zu einem hämischen Lächeln. „Tjaja – Ruhm ist eben nicht alles.“

Hermines Hand übersah er.

„Versuchen wir’s noch mal, Potter. Wo würdest du suchen, wenn du mir einen Bezoar beschaffen müsstest?“

Hermine streckte die Hand so hoch in die Luft, wie es möglich war, ohne dass sie sich vom Stuhl erhob, doch Harry hatte nicht die geringste Ahnung, was ein Bezoar war. Er mied den Blick hinüber zu Malfoy, Crabbe und Goyle, die sich vor Lachen schüttelten.

„Ich weiß nicht, Sir.“

„Dachtest sicher, es wäre nicht nötig, ein Buch aufzuschlagen, bevor du herkommst, nicht wahr, Potter?“

Harry zwang sich, fest in diese kalten Augen zu blicken.

Bei den Dursleys *hatte* er wohl in seine Bücher geschaut, doch erwartete Snape, dass er alles aus *Tausend Zauberkräutern und -pilzen* herbeten konnte?

Snape missachtete immer noch Hermines zitternde Hand.

„Was ist der Unterschied zwischen Eisenhut und Wolfswurz, Potter?" Bei dieser Frage stand Hermine auf, ihre Fingerspitzen berührten jetzt fast die Kerkerdecke.

„Ich weiß nicht", sagte Harry leise. „Aber ich glaube, Hermine weiß es, also warum nehmen Sie nicht mal Hermine dran?"

Ein paar lachten; Harry fing Seamus' Blick auf, der ihm zuzwinkerte. Snape allerdings war nicht erfreut.

„Setz dich", blaffte er Hermine an. „Zu deiner Information, Potter, Affodill und Wermut ergeben einen Schlaftrank, der so stark ist, dass er als Trank der Lebenden Toten bekannt ist. Ein Bezoar ist ein Stein aus dem Magen einer Ziege, der einen vor den meisten Giften rettet. Was Eisenhut und Wolfswurz angeht, so bezeichnen sie dieselbe Pflanze, auch bekannt unter dem Namen Aconitum. Noch Fragen? Und warum schreibt ihr euch das nicht auf?"

Dem folgte ein lautes Geraschel von Pergament und Federkielen. Durch den Lärm drang Snapes Stimme:

„Und Gryffindor wird ein Punkt abgezogen, wegen dir, Potter."

Auch später erging es den Gryffindors in der Zaubertrankstunde nicht besser. Snape stellte sie zu Paaren zusammen und ließ sie einen einfachen Trank zur Heilung von Furunkeln anrühren.

Er huschte in seinem langen schwarzen Umhang zwischen den Tischen umher, sah zu, wie sie getrocknete Nesseln abwogen und Giftzähne von Schlangen zermahlten. Bei fast allen hatte er etwas auszusetzen, außer bei Malfoy, den er offenbar gut leiden konnte. Gerade forderte er die ganze Klasse auf, sich anzusehen, wie gut Malfoy seine Wellhornschnecken geschmort hatte, als giftgrüne Rauchwolken und ein lautes Zischen den Kerker erfüllten.

Neville hatte es irgendwie geschafft, den Kessel von Seamus zu einem unförmigen Klumpen zu zerschmelzen. Das Gebräu sickerte über den Steinboden und brannte Löcher in die Schuhe. Im Nu stand die ganze Klasse auf den Stühlen, während Neville, der sich mit dem Gebräu voll gespritzt hatte, als der Kessel zersprang, vor Schmerz stöhnte, denn überall auf seinen Armen und Beinen brachen zornrote Furunkel auf.

„Du Idiot!“, blaffte Snape ihn an und wischte den verschütteten Trank mit einem Schwung seines Zauberstabs weg.

„Ich nehme an, du hast die Stachelschweinpastillen hinzugegeben, bevor du den Kessel vom Feuer genommen hast?“

Neville wimmerte, denn Furunkel brachen nun auch auf seiner Nase auf.

„Bring ihn hoch in den Hospitalflügel“, fauchte Snape Seamus an. Dann nahm er sich Harry und Ron vor, die am Tisch neben Neville gearbeitet hatten.

„Du – Potter – warum hast du ihm nicht gesagt, er solle die Pastillen weglassen? Dachtest wohl, du stündest besser da, wenn er es vermasselt, oder? Das ist noch ein Punkt, der Gryffindor wegen dir abgezogen wird.“

Das war so unfair, dass Harry den Mund öffnete, um ihm zu widersprechen, doch Ron versetzte ihm hinter ihrem Kessel einen Knuff.

„Leg's nicht darauf an“, flüsterte er. „Ich hab gehört, Snape kann sehr gemein werden.“

Als sie eine Stunde später die Kerkerstufen emporstiegen, rasten wilde Gedanken durch Harrys Kopf und er fühlte sich miserabel. In der ersten Woche schon hatte Gryffindor seinetwegen zwei Punkte verloren. *Warum* hasste Snape ihn so sehr?

Joanne K. Rowling

Fortgehn nach Istanbul

Wenn wir fortgegangen sind, denkt Filis, werde ich die Straße nicht mehr sehn. Die Straße, die Häuser, die kleinen Balkons – und dann auch Rico nicht mehr sehn: vorn an der Ecke, wo die alten Lindenbäume stehn und Rico sein wunderbares Eis verkauft, Pistazieneis, für Filis jedes Mal eine Kugel extra.

„Ich werde dich vermissen“, sagt er zu Filis, und Filis lächelt, als möchte sie das gern glauben, aber wüsste zugleich, dass Rico sie höchstens einen Tag vermissen wird. Oder zwei.

Und allerhöchstens drei.

„Ach, Rico“, sagt sie.

„Wie alt bist du schon?“, fragt Rico.

„Elf“, sagt Filis, und ihr Blick bleibt ruhen auf ihm, ob er wagen wird, daran zu zweifeln.

„Schon gute elf“, sagt sie, doch Rico will sowieso nicht daran zweifeln. Er betrachtet sie still, ziemlich lange so, dann sagt er: „Du warst noch ganz klein, da kamst du schon nach Eis. Ich werde dich wirklich vermissen.“

Später denkt Filis: Wer wird mich außerdem vermissen?

Doris vielleicht. Schon immer so blond, wie Filis gern gewesen wäre, die Augen blau, von keinem Schatten getrübt. Doris, denkt Filis, wird mich außerdem vermissen. Die allerbeste Freundin seit vier Wochen.

„Was würdest du dir wünschen?“, hat Doris einmal gefragt.

„Wie denn wünschen?“

„Zum Beispiel von mir, was ich habe.“

„Deine Haare“, hat Filis gesagt. „So glatt und blond.“

„Aber deine sind viel weicher.“

„Ich möchte sie trotzdem lieber glatt und blond.“

Wo sie gingen, war die Straße laut, denn es fuhren eine Menge Autos, die nicht genug Platz fanden zum Fahren, dauernd bremsen mussten und wieder Gas gaben für die nächsten paar Meter.

„Ist das noch auszuhalten?“, hat Doris gesagt.

„Aber Istanbul, wenn du das kennst, Istanbul ist zehnmal schlimmer.“

Textwerkstatt
Seite 179

„Istanbul", hat Doris gesagt, „kenne ich noch nicht."

„Siehst du. Und da ist das gar nichts hier. Ich weiß es von meinem Vater. Er will nach Istanbul zurück."

Der Vater ist über sechzig, die Mutter erst vierzig, ihr Haar noch ganz dunkel, das Haar des Vaters ist grau. Ein kleiner Mann, schon etwas gebückt, doch flink wie sonst keiner, und manchmal hört Filis die Leute sagen:

„Dein Opa ist noch gut auf den Beinen."

Das hört sie nicht gern, ihr Vater als Opa, doch dem Vater ist es egal. Er lächelt, wenn die Leute so reden, drückt Filis an sein Herz, und der Schnurrbart über den Zähnen streichelt ihre Wange.

Der Vater will nach Istanbul zurück. In die Heimat zurück.

Was ist das, Heimat?

Rico zum Beispiel hat Filis gefragt:

„Wie sieht es aus, da unten in deiner Heimat?"

„Das weiß ich nicht", hat Filis gesagt. „War noch nicht dort."

„Dann könnte sein, du möchtest lieber bleiben, hier in der Straße, unter den schönen alten Bäumen, bei mir und meinem wunderbaren Pistazieneis?"

„Das möchte ich", hat Filis gesagt.

„Und deine Mama?", hat Rico gefragt.

„Möchte es lieber auch, also bleiben."

Rico, mit seinem stillen Blick, hat Filis wieder ziemlich lange betrachtet, dann gesagt:

„So ist das nun mal", und Filis hat ihn gefragt: „Wie gerne möchtest du denn zurück?"

„Ich? Zurück?" Ein Lächeln bei Rico. „Zurück nach Milano? Also nie. Hab mein Zuhause hier."

„Aber mein Vater hat Angst."

Das Lächeln bei Rico bleibt, und Filis sagt:

„Um mich hat er Angst."

„Ach so, ja, ja, um dich."

Rico schaufelt in seinem Eis, Pistazieneis, und Filis denkt, er wird ihr eine Kugel geben, doch das tut er nicht, sondern sagt:

„Manchmal, vielleicht, hat jeder Angst. Du selber nicht auch?"

Benno Pludra

Linnéa und die Seerosen-Bilder des Malers Claude Monet

Stellt euch vor, ich bin im Garten des Malers gewesen! Und in Paris! Blümle war auch mit. Aber ich muss von Anfang an erzählen.
Ich habe Blumen sehr gern und interessiere mich für alles, was wächst.
Blümle ist wie ich. Wir wohnen im gleichen Haus. Er war früher Gärtner, aber jetzt ist er pensioniert.
Blümle interessiert sich auch für Malerei.
Er hat ein Buch über Claude Monet*, das ich mir immer wieder gerne ansehe. Claude Monet war ein Maler. Er lebte in Frankreich und hatte Blumen auch sehr gern. Er malte viele Blumenbilder. Am berühmtesten sind wohl seine Seerosen-Bilder.
Am ersten Tag in Paris gingen wir ins Museum. Dort hingen viele Gemälde von Monet.
Es ist ja ein Unterschied, ob man sie in einem Buch betrachtet oder sie in Wirklichkeit sieht.
„Das Gemälde hier, Blümle", sagte ich, „das ist schön."

** Monet ist französisch und wird ausgesprochen als „Mone", mit betontem „e" am Schluss.*

Seerosen, 1918/1921

Textwerkstatt
Seite 176, 182, 184

Wir standen vor einem Gemälde mit zwei weißen Seerosen. Ich ging ganz nah ran und guckte. Da entdeckte ich, dass die Seerosen eigentlich nur aus Klecksen und Flecken bestanden. Dann ging ich wieder ein paar Schritte zurück.

Diesen Eindruck machen Seerosen auf meinen Fotoapparat.

Seerosen, ca. 1903

Da wurden es sofort wieder richtige Seerosen, die auf dem Wasser schwammen. Zauberei!
„Wie wusste er wohl, wo er die Farbe hinmalen sollte?", fragte ich Blümle. „Er musste ja ganz nah dran sein, wenn er malte. Und wie konnte er wissen, wie es von weitem aussehen würde?"

„Lass mich mal nachdenken", antwortete Blümle. „Er hat wahrscheinlich lange genug geübt, dass er genau wusste, wie er es machen musste."

Text und Foto: Christina Björk
Bilder: Claude Monet

Blauer Schmetterling

Flügelt ein kleiner blauer
Falter vom Wind geweht,
Ein perlmutterner Schauer,
Glitzert, flimmert, vergeht.

So mit Augenblicksblinken,
So im Vorüberwehn
Sah ich das Glück mir winken,
Glitzern, flimmern, vergehn.

Hermann Hesse

Sommertage

Unter Bäumen, grün im
Schatten sitzen wir,
aus der Hand die Kirschen
in den Mund,
heiter im Wechsel
das Reden, das schönere
Schweigen,
aus diesen Tagen werden wir
leben, tief in
Winterzimmern,
Glück im Gedächtnis.

Hans Georg Bulla

Wasseramsel

Kann unter Wasser laufen,
bevor sie fliegen kann.
Sieht aus, als hätte sie
ein Kleid aus Perlen an.

Sie fischt sekundenlang
nach Larven, Wasserschnecken.
Doch muss das Wasser klar sein,
um Schnecken zu entdecken.

Sie läuft am Grund entlang.
Die Wette gilt: ich auch.
Und sogar noch viel länger.
Mit einem Schnorchelschlauch.

Werner Lindemann

Textwerkstatt
Seite 184

So im Schatten liegen möcht ich

So im Schatten liegen möcht ich
und den Vögeln zusehen,
wie sie mit dem Wind ihre
Pfeilspiele treiben.
In die weißen Wolken schaun
und sie bei ihren Verwandlungskünsten ertappen.

So im Schatten liegen möcht ich
und eine Raupe bei ihrem
Mittagessen betrachten
und ihre Borsten zählen.
Die zitternden Grashalme ansehn
und beobachten,
wie sie ihre Samen fallen lassen.

So im Schatten liegen möcht ich
und spüren,
wie mir die Sonne
an den Beinen hochklettert.
Zusehn,
wie sich die Katze
gründlich wäscht,
und versuchen,
ob ich aus ihrer Sicht
die Welt betrachten kann.

Erwin Moser

Textwerkstatt
Seite 184, 185

Violetta

König Wilfried, der Wohlriechende, hatte drei Söhne, denen er all das beibringen ließ, was sein Vater ihm hatte beibringen lassen – das Reiten, das Kämpfen mit Schwert und Lanze und gute Manieren beim Essen. Die drei lernten stolz daherzuschreiten, mit lauter Stimme zu reden und das, was das Wichtigste für Königssöhne ist, das Befehlen – ihren Dienern, ihren Kindermädchen, ihren Hunden und ihren Pferden.

Doch dann gebar die Königin eine Tochter. Und starb bei der Geburt.
Und niemand konnte dem König sagen, was man einer Tochter beibringt. Also ließ er sie dasselbe lernen wie seine Söhne.
Obwohl sie kleiner und zarter war als die drei und kaum ein Schwert heben konnte.
Violetta Spinnenbein nannten ihre Brüder sie, Violetta Mückenstark, Violetta Fliegenschreck.

Die drei prahlten damit, dass sie einem Pferd die Sporen so heftig in die Seite stoßen konnten, dass auch der stolzeste Hengst gehorchte.
Sie schlugen den Strohpuppen, mit denen sie das Kämpfen übten, so heftig die Köpfe ab, dass sie über die Schlossmauer flogen – und lachten dreistimmig über ihre kleine Schwester, die Mühe hatte, in der schweren Rüstung auf ein Pferd zu steigen.

Textwerkstatt
Seite 175, 176

„Ach, Emma", sagte Violetta abends zu ihrer Dienerin, als sie ihr die blauen Flecken kühlte. „Ich werde nie stark sein wie meine Brüder."
„Nicht so stark, aber dreimal so klug", erwiderte Emma. „Warum bittet Ihr Euren Vater nicht, Euch etwas anderes lernen zu lassen als die elende Kämpferei? Lernt Sticken oder Weben, die Flöte spielen oder sonst etwas Nützliches." Aber Violetta schüttelte den Kopf. „Nein", sagte sie. „Damit meine Brüder über mich lachen? Nein, nein, nein."
Und Emma sagte nichts mehr, denn sie wusste, dass die Prinzessin starrköpfiger war als die drei Prinzen zusammen.
Violetta jedoch schlich künftig jede Nacht aus dem Palast, um all das zu üben, was ihre Brüder so viel besser konnten.
Und sie lernte auf ihre Weise. Ohne Geschrei und ohne Sporen.
Ganz leise. Leise wie die Nacht. Ihre Brüder wurden groß und stark wie die Ritter ihres Vaters, aber Violetta wurde mit jedem Tag flinker und treffsicherer.
Die Pferde aus dem Stall ihres Vaters trugen sie gern auf ihrem Rücken.
Und wenn Violettas Brüder mit den Lanzen nach ihr stießen, bohrten sie nur Löcher in die Luft.
Schwindelig ritt sie ihre Brüder, bis deren Pferde schnaubend die Köpfe hochwarfen und keinen Schritt mehr taten.
So lachten die drei Prinzen bald nicht mehr über ihre kleine Schwester.
Und Violetta Fliegenschreck nannten sie sie auch nicht mehr.

Doch dann kam der Tag vor ihrem sechzehnten Geburtstag.
„Violetta", sagte ihr Vater, nachdem er sie hatte zu sich rufen lassen.
„Ich werde zur Feier deines Geburtstages ein Turnier veranstalten. Der Siegerpreis wird die besten Ritter des Landes herbeilocken."
„Und was für ein Preis wäre das, Vater?", fragte Violetta.
Sie überlegte dabei schon, welches Pferd sie reiten würde, welche Rüstung die leichteste war und welcher Federbusch ihren Helm zieren sollte.
„Der Sieger", erwiderte König Wilfried, „wird dich zur Frau bekommen. Also zieh dein schönstes Kleid an und übe vor dem Spiegel, freundlich zu lächeln."

Text: Cornelia Funke
Bilder: Kerstin Meyer

Und am Ende der Geschichte ...

Der wunderbarste Beruf der Welt

Liebe Cornelia Funke!

Wir sind eine Gruppe aus dem 4. Schuljahr und wir hatten an unserer Schule gerade eine Projektwoche zum Thema Lesen. Wir haben uns Ihre Bücher ausgesucht, weil wir die richtig klasse finden. Jetzt haben wir einige Fragen an Sie. Dabei haben wir gemerkt, dass die Jungen manchmal etwas ganz anderes fragen wollten als die Mädchen. Wir schreiben immer dazu, wer die Frage gestellt hat.

Bastian: Das Mädchen Violetta ist viel pfiffiger als ihre drei Brüder. Bei dem Blauen Dschinn ist das auch so. Die Emma hat vier Brüder. Die sind tagsüber stark und nachts kriechen sie in Emmas Bett, weil sie Angst vor den Seeungeheuern haben. Waren Sie früher auch so ein Mädchen? Hatten Sie schreckliche Brüder?

Cornelia Funke: Nein, ich hatte keine schrecklichen Brüder. Ich hatte zwei jüngere Brüder, der eine ein bisschen ruhiger als ich, der andere vielleicht noch ein bisschen wilder. Ich selbst war ein Mädchen, das gern Jungenspiele spielte, seinen Puppenwagen gegen die Wand fuhr und am liebsten dicke Abenteuerbücher las. Ich glaube, einiges von mir steckt in Violetta. Für Mädchen war und ist es immer noch so, dass sie dafür kämpfen müssen, gleiche Rechte zu haben und so sein zu können, wie sie wollen – allerdings glaube ich, dass Jungen es manchmal auch ganz schön schwer mit all dem haben, was so von ihnen erwartet wird.
Emmas Brüder zum Beispiel sind tags wild und stark, aber trotzdem haben sie Angst vor der Nacht. Mein Sohn ist so – er hat schon immer überall das Gefährliche an der Welt gesehen, und meine Tochter hat ihn dafür nicht ausgelacht, sondern beschützt, wenn er das gerade brauchte.
Mädchen brauchen Jungs, Jungs brauchen Mädchen. Manchmal wähle ich absichtlich ein Mädchen als Hauptperson, weil es einfach so viele Jungen-Hauptfiguren gibt.

Carolin: Das Buch „Emma und der Blaue Dschinn" fängt ja ganz normal an. Dann aber kommt der Geist aus der Flasche und alles wird fantastisch. Das passiert in Ihren Büchern oft so.
Schreiben Sie gerne fantastische Sachen?

Cornelia Funke: O ja, ich schreibe sehr, sehr gern fantastische Geschichten. Ich lese sie auch sehr gern, hab ich immer schon getan.
Wo sonst als in unserer Fantasie können wir fliegen, auf Drachen reiten und Wesen begegnen, die wir noch nie gesehen haben?
Außerdem – haben Menschen das nicht immer so gemacht?
Sind nicht alle Märchen und Sagen, alle Geschichten über die Entstehung der Welt und der Menschen auch fantastisch? Ich denke oft, dass wir mit fantastischen Geschichten mehr über unsere Wirklichkeit, unsere Ängste und Träume ausdrücken können als mit ganz realistischen Geschichten. Die fantastischen Geschöpfe, die Menschen sich ausdenken, helfen, Angst und Tapferkeit und vieles andere in uns zu entdecken, und zudem macht es auch noch einen Riesenspaß, sie zu erfinden!

Johanna: In dem Buch von den „Gespensterjägern auf eisiger Spur" spielt ein Junge die Hauptrolle und der Tom ist richtig nett.
Doch zu den Geistern und Gespenstern will ich noch was fragen.
Wie kommen Sie auf die Idee mit den guten und bösen Gespenstern?

Cornelia Funke: Wie komm ich auf meine Ideen? Ich würde sagen, sie kommen zu mir! Manchmal pflück ich sie mir auch aus der Wirklichkeit.
Ich finde, man stolpert nur so über Ideen. Zum Beispiel: Die Ideen zu den schlammigen Ereignissen von „Gespensterjäger in großer Gefahr" kamen mir, während ich bis zu den Knien im Schlamm steckte, auf einer Pferdeweide, um genau zu sein, und dort Pferdeäpfel absammelte.
Alles war kalt und nass und der Schlamm zog mir fast die Stiefel aus – und schwups, war da die Idee von dem im Schlamm versinkenden Dorf und den schrecklichen spukenden Ursachen dafür.

Fabian: Bei den wilden Hühnern dachte ich erst, das wären eher Bücher für Mädchen. Aber mir gefallen sie. Darin passiert aber nichts Fantastisches. Alles spielt sich so im Alltag ab. Da möchte ich am liebsten mit dabei sein und alles miterleben. Schreiben Sie diese Geschichten genau so gerne wie die fantastischen?

Cornelia Funke: Die wilden Hühner begann ich zu schreiben, weil mein Verlag mich bat, doch mal was ganz und gar nicht Fantastisches zu schreiben. Während ich sie schreibe, habe ich Spaß daran, aber wenn mir nicht so viele Kinder ständig wegen einer Fortsetzung schreiben würden, hätte ich bestimmt nur ein Hühner-Buch geschrieben.

Okan: Ist es eigentlich leichter, so ein Fortsetzungsbuch zu schreiben, als wenn Sie sich ein ganz neues Buch ausdenken müssen?

Cornelia Funke: Ja, weil man schon viele Figuren hat. Aber andererseits wird es von Band zu Band schwieriger, etwas wirklich Neues zu schreiben.

Mirko: Ich habe zu Hause für mich allein Ihr Buch „Herr der Diebe“ gelesen. Richtig spannend. Was ich wissen möchte: Waren Sie in Venedig und haben Sie sich alles genau angeschaut? Und wie entsteht bei Ihnen so eine Figur im Kopf wie der Scipio? Und die anderen aus der Gruppe?

Cornelia Funke: Ja, ich war zweimal in Venedig, aber danach habe ich dann noch viele Bücher über Venedig gelesen. Scipio ist mir eingefallen, weil ich immer schon über ein Kind schreiben wollte, das sich wünscht, erwachsen zu sein. Ich selbst war so. Es gibt viele Geschichten über Kinder, die Kinder bleiben wollen, aber keine, die ich kenne, erzählt von den anderen – denen, die einfach groß sein wollen. Während ich dann an der Geschichte arbeitete, fand ich langsam heraus, wie genau Scipio ist – anfangs war er ziemlich unausstehlich, aber schließlich mochte ich ihn sehr gern. Die anderen aus der Gruppe entstanden wie von selbst – plötzlich waren sie alle da – so geht mir das oft.

Kerstin Meyer: So arbeite ich

Was mich anregt

Beim Lesen spielt sich in meinem Kopf ein Film ab, aus dem ich ein paar Bilder oder Szenen herausnehme, die ich besonders witzig finde oder bei denen es mich reizt, eine Bewegung oder eine Entwicklung zu zeigen. Früher habe ich mal als Trickfilmzeichnerin gearbeitet. Daher kommt wohl meine Liebe zur Bewegung und zum übertriebenen Ausdruck. Ferner reizt es mich, in bestimmte Stile abzutauchen, z. B. mit **Ornamenten** wie im Buch „Emma und der Blaue Dschinn". Oder ich male kleinere mittelalterliche Bilder, die sich wie ein Band über die ganze Seite ziehen. Da fällt mir der Teppich von Bayeux* wieder ein, der als erste Bildergeschichte bezeichnet werden kann. Von diesem berühmten Wandteppich habe ich mich anregen lassen, auch die Bilder im „Ritter Namenlos" in Bänderform anzulegen. Das könnt ihr auf den Seiten 160 bis 162 sehen. Um noch genauere Vorstellungen zu bekommen, kaufe oder leihe ich mir Bücher und Videos, z. B. über die Ritterzeit. Da lasse ich mich von den Ritterrüstungen, Turnieren und Burgen anregen und zeichne die Ritterkämpfe, während ich sie auf Video angucke. Aber ich zeichne sie nicht genau so, wie sie da sind, das wäre für ein Sachbuch richtig.

Hier seht ihr Skizzen von Kerstin Meyer zu „Emma und der Blaue Dschinn" und zu „Der geheimnisvolle Ritter Namenlos".

Wie ich arbeite

Beim ersten Lesen des Textes und bei meinen Nachforschungen entstehen erste grobe **Skizzen** mit Bleistift und nach und nach der Plan für das jeweilige Buch. Mit der Abfolge der Bilder oder ganzer Bild-Bänder versuche ich Spannung zu erzeugen oder zu überraschen.
Dann werden die Skizzen genauer. Zu diesem Zeitpunkt muss ich dem Verlag auch mal ein so genanntes **Dummy** vorlegen. Damit kann ich zeigen, wie das Buch von der Text-Bild-Aufteilung werden soll. Das alles ist noch in Schwarz-Weiß. Zusätzlich fertige ich eine **reingezeichnete Doppelseite** in Farbe an, die genau zeigt, wie ich das ganze Buch machen will. Das kriegt eventuell auch der Autor oder die Autorin zu sehen. Wenn alle zufrieden sind, geht es weiter.
Schließlich mache ich die anderen Reinzeichnungen, und zwar mit Feder und **Scriptol**. Dazu ziehe ich das Blatt auf ein **Zeichenbrett** auf, damit es nach dem Trocknen immer wieder schön glatt wird, auch wenn ich mit viel Wasserfarbe darüber gehe. Ich **koloriere** mit **Pigmenttuschen**, die so schön leuchtende Farben haben und sich endlos übereinander malen lassen, ohne dass die Farbe hässlich wird.

* Teppich von Bayeux (sprich Bajö): französischer Wandteppich mit der Bildergeschichte der Eroberung Englands vor tausend Jahren

3

Fachbegriffe ...	**... und was sie bedeuten:**
Dummy	Probearbeit
kolorieren	eine Strichzeichnung farbig ausmalen
Ornament	Verzierung, z. B. auf Teppichen, Vasen
Pigmenttusche	farbige Tusche
Reinzeichnung	die fertige Zeichnung
Scriptol	besondere schwarze Tusche
Skizzen	Entwürfe von Zeichnungen
Zeichenbrett	Unterlage zum Zeichnen

Der Herr der Diebe

Eine Wasserratte huschte erschrocken davon, als die Kinder sich den engen Gang hinuntertasteten. Der Weg führte zu einem Kanal, aber Wespe, Prosper und Bo folgten ihm nur bis zu einer Metalltür in der fensterlosen Mauer. Mit ungelenken Buchstaben hatte jemand *vietato l'ingresso* darauf gepinselt, Betreten verboten. Früher war dies einer der Notausgänge des Kinos gewesen, jetzt verbarg sich hinter der Tür ein Versteck, von dem nur sechs Kinder etwas wussten. Prosper zog zweimal kräftig an der Schnur, die neben der Tür baumelte, wartete einen Moment und zog dann noch einmal. Das war ihr Zeichen, aber es dauerte, bis jemand öffnete. Bo trat schon ungeduldig von einem Fuß auf den anderen, als sie endlich hörten, wie der Riegel zurückgeschoben wurde. Nur einen schmalen Spalt breit öffnete sich die Tür. „Parole?", fragte eine misstrauische Stimme. „Komm, Riccio, du weißt doch, dass wir uns die nie merken können!", raunte Prosper ärgerlich. Und Wespe trat auf den Spalt zu und zischte hinein: „Siehst du die Tüten in meiner Hand, Igelchen? Die habe ich vom Rialtomarkt bis hierher geschleppt. Meine Arme sind bald lang wie Affenarme, also mach endlich auf!"

„Ja, ja, schon gut. Aber wehe, Bo verpetzt mich wieder bei Scipio, wie letztes Mal!" Mit besorgtem Gesicht öffnete Riccio die Tür. Mager war er und einen ganzen Kopf kleiner als Prosper, obwohl er nicht viel jünger war. Zumindest behauptete Riccio das. Sein braunes Haar stand ihm so struppig vom Kopf ab, dass es ihm seinen Spitznamen eingebracht hatte: Riccio – der Igel.

„Wir haben schon mit dem Aufräumen angefangen", erzählte Riccio, als er ihnen mit der Taschenlampe den dunklen Flur entlangleuchtete. „Aber sehr weit sind wir noch nicht gekommen. Mosca will immer nur an seinem Radio rumbasteln. Und bis vor einer Stunde haben wir vor dem Palazzo Pisani herumgestanden.

Warum Scipio sich ausgerechnet den Palast für seinen nächsten Raubzug ausgesucht hat, ist mir ein Rätsel. Fast jeden Abend ist dort irgendetwas los, Feste, Empfänge, ich glaub, alle vornehmen Familien der Stadt geben sich da die Klinke in die Hand. Wie will Scipio da jemals unbeobachtet reinkommen?“

Prosper zuckte nur die Achseln. Ihn und Bo hatte der Herr der Diebe bisher noch nicht zum Kundschaften geschickt, obwohl Bo Scipio ständig darum anbettelte. Meistens zogen Riccio und Mosca los, wenn es um das Beobachten der Paläste ging, denen Scipio einen nächtlichen Besuch abstatten wollte. Seine Augen nannte er die zwei, während Wespe dafür zuständig war, dass das Geld vom Verkauf seiner Beute nicht zu schnell ausgegeben wurde. Prosper und Bo, als neueste Schützlinge des Herrn der Diebe, hatten bisher höchstens mitkommen dürfen, wenn die Beute verkauft wurde oder Einkäufe erledigt werden mussten, so wie heute.

Prosper war das nur recht.

Aber Bo wäre zu gern mit Scipio in die vornehmen Häuser der Stadt geschlichen, um all die wunderbaren Dinge zu stehlen, die der Herr der Diebe von seinen Beutezügen mitbrachte.

„Scipio kommt überall rein“, verkündete Bo, während er neben Riccio herhüpfte. Zwei Sprünge auf dem linken Fuß, zwei Hüpfer auf dem rechten – Bo bewegte sich selten vorwärts, ohne zu hüpfen oder zu rennen.

„Er hat was aus dem Dogenpalast gestohlen, und keiner hat ihn erwischt. Weil er eben der Herr der Diebe ist.“ – „Ja, der Einbruch in den Dogenpalast. Wie könnten wir den vergessen!“ Wespe warf Prosper einen spöttischen Blick zu. „Selbst ihr habt die Geschichte doch bestimmt schon hundertmal zu hören bekommen, oder?“

Prosper grinste nur.

„Also, ich könnte sie mir tausendmal anhören“, meinte Riccio.

Cornelia Funke

Lesen üben und Texte besser verstehen

Seite 6/7

Der kleine Herr Fuchs

Der kleine Herr Fuchs isst sich durch viele Bücher ...
In welche „Häuser“ ist er dabei geraten?
Beschreibt den Unterschied.
Wo gibt es in eurer Nähe solche Häuser? Kennt ihr ihre Öffnungszeiten?
Schreibt sie für das Klassenzimmer auf ein Plakat.

Seite 8/9

Von der Macht des Erzählens

Leila war eine Geschichtenerzählerin.
Sie erzählte viele Märchen und Geschichten.

Ihr kennt sicher auch viele Geschichten vom Erzählen oder aus Büchern.
Erzählt sie euch. Schreibt euch dazu vorher einige Stichworte auf, so:
Franz: piepsige Stimme – Pippi: hat tolle rote Haare – ...

Seite 16–18

Geschichte von dem Jungen, der keine Geschichte kannte

Hier sind fünf Aussagen zu der Geschichte.
Schreibe zuerst die richtigen Aussagen in dein Lesetagebuch
oder in dein Heft. Berichtige dann die Aussagen, die nicht stimmen,
und schreibe sie auch auf.

1. Paddy Ahern war ein begnadeter Geschichtenerfinder.
2. Der Gastgeber des Jungen war ein ganz normaler Mensch.
3. Paddy Ahern hatte schreckliche Angst, als die Sargträger zu ihm kamen.
4. Paddy Ahern hat wahrscheinlich nur geträumt.
5. Der Junge wird auch in Zukunft nicht viel erzählen.

Seite 22–25

Afrika hinter dem Zaun

Suche die passenden Stellen für diese Zwischenüberschriften.
*Eine Frau aus Kamerun – Die Gärten der Häuser – Im Regen –
Die wütenden Nachbarn – Désirées geheimnisvolle Arbeit – Die Hütte*
Schreibe so:
Eine Frau aus Kamerun – Zeile 1 bis ..., Die Gärten ...

Lesen üben und Texte besser verstehen

Seite 36/37

Der große Vogelzug der Kraniche

In diesem Text findest du viele Informationen zu Kranichen.
Beantworte diese Fragen:

1. Wo leben die Kraniche im Sommer?
2. Woran merkt man, dass sich die Kraniche zum Abflug bereitmachen?
3. Warum fliegen die Kraniche in einer keilförmigen Flugformation?
4. Wie finden sie ihren Weg?
5. Warum fliegen Kraniche überhaupt in den Süden?

Seite 42

Der tropische Regenwald ist dir nah

Hier findest du eine Stichwortsammlung zum Text.
Achtung, es haben sich drei falsche Stichwörter eingeschlichen.
Suche sie heraus.

Regenwaldgürtel am Äquator – Sonne mittags senkrecht – kein Jahreszeitenwechsel – wunderschöne Fische – üppiges Pflanzenwachstum – große Vielfalt an Tieren – hohe Nadelbäume – Pflanzen sorgen für gute Luft – Urwaldluft für die ganze Erde – klare Sommernächte – Luft im Winter notwendig

Gibt es noch andere wichtige Wörter? Suche sie im Text und schreibe sie zusammen mit den richtigen Stichwörtern dieser Aufgabe auf.
Nutze den Stichwortzettel für eine Nacherzählung.

Seite 54/55

Vom Großmütterchen, das alles wusste

Im Text findest du eine Stelle, die beschreibt, dass das Großmütterchen sehr klug ist. Man findet aber auch Stellen, die zeigen, dass das Großmütterchen vor allem Glück hat.
Schreibt die passenden Stellen heraus. Gebt die Zeilen dazu an.

Großmütterchen ist sehr klug	Großmütterchen hat Glück
Zeile 43 bis ...:	

Lesen üben und Texte besser verstehen

Seite 66

Weihnachtszeit in Polen

Welche Wörter aus dem Text passen zu den folgenden Erklärungen?

- Jemand, der zu Besuch kommt, ohne dass man ihn eingeladen hat
- Ein rundes, flaches und trockenes Gebäckstück
- Gefüllte Teigtaschen
- Eine andere Bezeichnung für die Heiligen Drei Könige
- An sie schreiben polnische Kinder ihre Wunschzettel

Seite 74/75

Das Meer der Ruhe

Erkläre, warum die Fußspuren der ersten Astronauten auf dem Mond immer noch da sind. Schreibe den Text in dein Lesetagebuch.

Seite 84–87

Judith und Lisa

Die Freundschaft von Judith und Lisa wird immer wieder auf die Probe gestellt. Welche dieser Sätze passen zur Geschichte? Schreibe sie auf.

1. Judith ist eine jüdisches Mädchen. Juden wurden im Dritten Reich verfolgt und ausgegrenzt.
2. Lisa mag Judith und will zu ihr halten.
3. Lisa mag Judith einfach nicht mehr.
4. Judith hat sich sehr schlecht benommen.
5. Lisa hat am Ende ein schlechtes Gewissen.
6. Lisa hat Recht, dass sie sich nicht mehr um Judith kümmert.

Vergleicht eure Ergebnisse.

Seite 100/101

Rosalinde hat Gedanken im Kopf

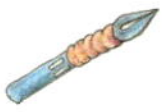

Zu welchen Abschnitten passen diese Zwischenüberschriften? Notiere die Zeilen.

Berufsgedanken – Rosalindes Ersatzberufe – Ingenieur kannst du nicht werden – Rosalinde wird wütend

Lesen üben und Texte besser verstehen

Seite 110/111

Ein Tag in der Seehundstation

Schreibe zu jeder Uhrzeit etwa drei Stichwörter auf, damit du mit ihrer Hilfe vom Tag auf der Seehundstation erzählen kannst.

5:30 Uhr: Vorbereitung erste Fütterung –
Jüngere: Milchbrei – Ältere: Heringsbrei
6:00 Uhr: ...

Seite 112/113

Kemanta

Beantworte diese Fragen zum Text:

1. Was konnte Kemanta besonders gut und wovor fürchtete er sich?
2. Was stimmte Kemanta traurig?
3. Welche Hilfe bekommt der Junge?
4. Was passiert mit Kemanta?

Seite 137

Kleines PC-Lexikon

Hier war wohl ein Computer-Virus unterwegs.
Kannst du helfen? Schreibe die Erklärungen richtig auf.

WWW ist die Abkürzung für Wendelins Wollwaschmittel. Mit ihm wird das **Internet** gewaschen. Das Internet ist das größte zusammenhängende Fischernetz der Welt. Jeder Fischer hat eine **Homepage**. Sie ist die Heimatadresse jedes Menschen. An sie kann man oft eine **E-Mail** senden. **E-Mail** ist die Abkürzung für ernsthafte Post.

Seite 141

Welches Rad passt zu dir?

Übertrage diese Tabelle in dein Heft und fülle sie aus.

Fahrrad-Typ	Beschreibung	Vorteile	Nachteile
Mountainbike			
Rennrad			
...	3 bis 5 Gänge mittlere Rahmendicke aufrechter Sitz		

Zu Texten schreiben und erzählen

Seite 10

Die Geschichten liegen doch auf der Straße

Geschichten findet man „auf der Straße".
Gehe spazieren, beobachte deine Umgebung genau.
Notiere die Beobachtungen in Stichworten.
Schreibe zu einer Beobachtung eine Geschichte.
Oder: Schreibe zu einer Beobachtung aus dem Lesebuchtext eine Geschichte. Zum Beispiel so:

Der Mann auf der Bank

Einmal ging ich durch unseren Stadtpark. Da sah ich auf einer Parkbank einen großen, starken Mann sitzen, der weinte …

Seite 19

Und wenn sie nicht gestorben sind …

Sucht euch einen Geschichtenschluss aus und schreibt die passende Geschichte dazu auf.

Erfindet für eure Schreibecke Schlusssätze von Geschichten. Sammelt sie in einer Kartei.

Seite 29

Zhang und Artemis, 11

Füllt den Fragebogen an Artemis und Zhang selbst aus.
Stellt euch die ausgefüllten Fragebögen gegenseitig vor.
Wenn ihr wollt, könnt ihr ein Buch daraus binden.
Oder ihr verwendet die Fragebögen für ein Erinnerungsbuch über die vierte Klasse.

Seite 84–87

Judith und Lisa

Lisa darf nicht mehr zu Judith gehen, weil sie ein jüdisches Mädchen ist. Lisa ist sehr traurig über den Streit. Sie will Judith einen Brief schreiben.

Schreibe du diesen Brief an Judith.

Zu Texten schreiben und erzählen

Seite
98/99

Julias anderer Tag

Stelle dir vor, dass du wie Julia einen ganz anderen Tag haben wirst.
Was wird anders sein? Schreibe es auf.

Seite
107–109

Nach dem großen Sturm

Peters bester Freund lebt jetzt an einem anderen Ort.
Früher wohnte er direkt neben ihm.
Peter berichtet in einem Brief von seinen Erlebnissen. Schreibe diesen Brief.
Fange so an: *Lieber ...! Hier ist etwas Schreckliches passiert ...*

Seite
168/169

Der Herr der Diebe

In der Geschichte kommen viele Personen vor.
Schreibe in dein Lesetagebuch, was du über die Personen erfährst.

Prosper: Kann sich die Parole nie merken ...
Riccio: Mager und klein ..., Scipio: ...

Wie könnte die Geschichte weitergehen? Schreibe deine Fortsetzung.

Seite
150–153

Zaubertrankunterricht

In diesem Text findet man viele schwierige Namen.
Lasst euch bei der Aussprache der Namen helfen.

Snape, der Lehrer für Zaubertränke, scheint Harry Potter zu hassen.
Dies zeigen mehrere Stellen im Text.
Schreibt diese Stellen heraus. Notiert die Zeilen.

Der Text gibt uns keine Gründe für Snapes Hass an.
Könnt ihr euch einen Grund vorstellen? Schreibt ihn auf.

Seite
160–162

Violetta

Im Lesebuch wird das Ende der Geschichte mit einem Bild erzählt.
Überlegt euch in einer kleinen Gruppe, was passiert ist.
Notiert euch Stichwörter und erzählt eure Ideen der Klasse.

Mit Texten umgehen: Ein Buch vorstellen

Seite
6/7,
20/21,
38–41,
50/51,
74/75,
84–87,
88/89,
102/103,
118/119,
132/133,
142–145,
150–153,
156/157,
160–162
168/169

In diesem Lesebuch werden viele Buchauszüge vorgestellt.
Suche dir ein Buch aus, das dir gut gefällt, und stelle es deiner Klasse vor.
Versuche die wichtigsten Ereignisse aus dem Buch knapp zusammenzufassen.

Das sind wichtige Informationen über ein Buch:

- Wer hat es geschrieben?
- Wer hat die Bilder (Illustrationen) gemalt?
- Wann wurde das Buch geschrieben?
- Hat die Schriftstellerin / der Schriftsteller noch andere Bücher geschrieben? Welche?
- In welchem Verlag ist es erschienen?
- Was kostet es?

Wo finde ich Informationen über eine Schriftstellerin/einen Schriftsteller?

- In den Klappentexten der Bücher
- In einer Buchhandlung (fragt die Buchhändler)
- In der Stadtbücherei (fragt die Bibliothekare)
- Im Internet (schaut bei den Verlagen nach)

Das muss man vorher tun:

- Das Buch aussuchen und es lesen.
- Informationen über den Schriftsteller beschaffen.
- Alle wichtigen Informationen aufschreiben.
- Eine Bewertung überlegen:
  Mir hat das Buch gefallen, weil ...
- Den Textabschnitt, den man vorlesen will, gut üben.
- Den ganzen Vortrag zu Hause einmal üben.

Mit Texten umgehen: Ein Buch vorstellen

Seite 22–25 38–41

Zu welchen Texten und Büchern gehören diese Zusammenfassungen?

Im Nachbarhaus wohnte eine französische Familie. Die Frau, die aus Afrika kam, fing an merkwürdige Sachen im Garten zu arbeiten. Alle wunderten sich. Am Ende baute sie eine tolle afrikanische Lehmhütte.

In dieser Geschichte will ein Mann einen Baum fällen. Er macht eine Pause und schläft unter dem Baum ein. Tiere flüstern ihm zu, dass er den Baum nicht fällen soll. Als er aufwacht, sieht er auch noch ein Kind von Urwaldindianern.

Seite 50/51

Rätsel: In welcher Geschichte findest du die beschriebene Person?

Wer kennt ihn?

Viele Leute fanden ihn komisch und hatten sogar etwas Angst vor ihm. Das lag daran, dass er viele Streiche machte, die noch heute über ihn erzählt werden. Auch mit seiner Mütze, die er oft trug, fiel er auf. Sie hatte Zipfel mit Glöckchen an den Enden.

Der gesuchte Mensch liebte es, alles, was andere zu ihm sagten, ganz wörtlich zu nehmen. Er hielt ihnen, könnte man sagen, einen Spiegel vor, in dem die Leute ihre eigenen Fehler erkennen konnten.

Wer ist es?

Schreibt selbst solche Rätsel über Figuren aus Geschichten dieses Lesebuches. Sucht euch zwei oder drei besondere Merkmale aus. Macht daraus ein Ratespiel in der Klasse.

Seite 20/21 20–25 28, 31

Sag mir, wie ist Afrika

Dieser Text erzählt von einem Kontinent, der sehr weit weg ist.
Lest auch die anderen Texte über **Afrika** in diesem Buch.
Sammelt Informationen über ein afrikanisches Land.
Ihr findet mehr Texte und Bilder in Zeitungen und Zeitschriften.
Vielleicht besitzt ihr auch Gegenstände aus Afrika?
Aus euren Texten, Bildern und Gegenständen könnt ihr eine **Ausstellung** aufbauen.

Mit Texten umgehen

Seite 32

Die Rechte des Kindes

Lest in der Klasse abwechselnd
eure Rechte laut vor.
Teilt eure Klasse in mehrere Gruppen ein.
Jede Gruppe sucht sich ein Recht aus.

Was bedeutet das Recht?
Erklärt es.
Gilt es in unserem Land?
Und in anderen Ländern?
Gibt es passend zu jedem Recht
vielleicht auch eine „Pflicht"?

Schreibt euer Recht mit eurer
Erklärung auf ein Plakat.
Stellt euch die Plakate gegenseitig vor.

Rechte und Pflichten:

Nimm auf Schwächere Rücksicht

Tu keinem weh!

Hilf anderen Kindern

Das Recht auf eine gesunde körperliche Entwicklung

Kinder sollen nicht hungern müssen

Kinder sollen nicht geschlagen werden

Seite 44/45

Waldsterben – was ist das?

Im Text wird erklärt, **was** das Waldsterben ist,
wie es dazu kommt und **was** dagegen helfen könnte.

Sammelt die Informationen. Ordnet sie. Stellt sie auf einem Plakat vor.

Seite 50/51

Till bäckt Eulen und Meerkatzen

Der Bäcker meinte zu Till, er solle Eulen und Meerkatzen backen.
Till hat ihn WÖRTLICH genommen und genau das gemacht,
was der Bäcker sagte, und nicht das, was er meinte.
Da gab es großen Ärger.

Es gibt viele Redensarten,
die nicht wörtlich gemeint sind.
Sammelt solche Redensarten.
Setzt eine Redensart in ein Bild um.

Mit Texten umgehen

Seite 68–71

Heilige Nacht

In dieser Legende erlebt der Hirte einige merkwürdige Sachen. Spielt nach, wie er seiner Frau davon erzählt.

Es kann euch helfen, wenn ihr zuerst in Stichworten die einzelnen Ereignisse aufschreibt:

Hirtenhunde wollen beißen – Schafe …

Die Frau des Hirten kann auch Zwischenfragen stellen.

Seite 74–79

Raumfahrt

Viele Länder erforschen auch heute noch den Weltraum, lassen Raketen starten und schicken Satelliten ins All. Sammelt über mehrere Wochen Zeitungsberichte darüber. Klebt sie auf Plakate oder sammelt sie in einem Ordner. Stellt sie in der Klasse aus.

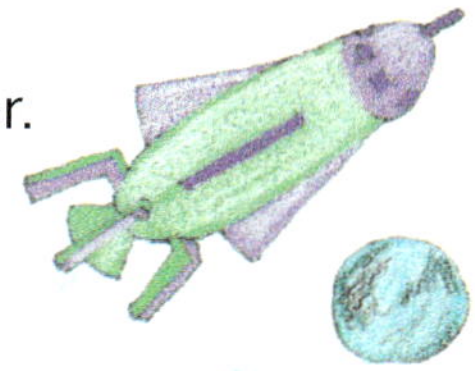

Seite 100/101

Rosalinde hat Gedanken im Kopf

Überlegt euch viele Berufe und schreibt sie auf Plakate. Dann darf jedes Kind zu „Männerberufen" einen blauen Punkt malen und zu „Frauenberufen" einen roten Punkt. Sprecht über euer Ergebnis.

Seite 154/155

Fortgehen nach Istanbul

Stelle dir ein Gespräch zwischen Filis und ihrem Vater vor. Sie versucht ihm zu erklären, warum sie nicht nach Istanbul gehen will. Umgekehrt versucht der Vater seine Entscheidung verständlich zu machen.

Spiele dieses Gespräch mit einem Partner nach. Spielt es dann der Klasse vor.

Zu Texten Theater spielen

Seite
38–41

Der Kapokbaum

Aus dieser Geschichte vom Regenwald könnt ihr ein Theaterstück machen. Lest genau, welche Personen und Tiere im Text vorkommen. Teilt den Text in Szenen ein. Jedes Mal, wenn eine neue Person oder ein neues Tier auftritt, beginnt eine andere Szene.

Welche Textteile müsst ihr sprechen? Wie müsst ihr sprechen? Zum Beispiel: Die Schlange zischt, die Affen **kreischen** ... Überlegt, ob ihr für einzelne Textteile einen **Erzähler** braucht.

Wenn ihr das Stück aufführen wollt, braucht ihr auch eine **Kulisse**.

Seite
120–126
127–129

Schattentheater mit Schauspielern

Hinter einer straff gespannten Leinwand spielen die Schauspieler. Durch eine starke Lampe (zum Beispiel Tageslichtprojektor) werden sie angestrahlt. Man sieht nur ihre Schatten.

Was muss man beachten?
Führt alle Bewegungen dicht an der Leinwand aus, sonst wird der Schatten unscharf. Bewegt euch langsam und führt alle Gesten deutlich aus. Übertreibt etwas. Vermeidet Bewegungen nach vorne oder hinten, der Zuschauer kann sie nicht erkennen. Bewegt euch immer parallel zur Leinwand.

Die Dialoge können auch von anderen Kindern vorgelesen werden, sodass die Schauspieler sich ganz auf ihr Schattenspiel konzentrieren können.

Requisiten und **Kulissen** werden aus flachen Materialien hergestellt. Gut eignen sich Pappe oder Sperrholz. Sie müssen ebenfalls dicht an die Leinwand gehalten oder an ihr befestigt werden. Sonst kann man die Form nicht klar erkennen.

Oder: Schattentheater mit Figuren

Zu Texten und Gedichten Musik machen

Seite 16–18

Geschichte von dem Jungen, der keine Geschichte kannte

VORTRAG

Unterlegt Paddy Aherns „Traum“ mit passenden **Geräuschen** und **gruseliger Musik**. Beim Vorlesen könnt ihr in Lesepausen und leise direkt zum Text die Musik spielen.

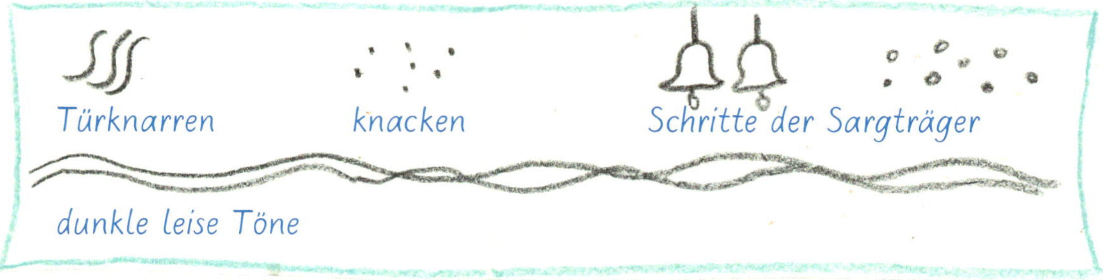

Seite 97

Jule Popp

VORTRAG

Aus diesem Gedicht kann man einen Sprechgesang machen. Begleitet ihn mit Rhythmusinstrumenten. Teilt euch dazu in drei Gruppen ein.

Erste Zeile: Gruppe 1
Zweite und dritte Zeile: Gruppe 2
Vierte Zeile: Gruppe 3

Seite 102/103

Das Frühlingserwachen

VORTRAG

Unterlegt diese Geschichte mit passenden Klängen. Fangt so an:

Hauch linder Aprilluft: sanfte Metallophonklänge
Frosch tastet sich nach oben: Xylophon aufsteigend
Der erste Sonnenstrahl: Triangel …

Seite 81

Abendlied und Schlaflied

Es gibt viele Abendlieder und Schlaflieder.
Welche Lieder kennt ihr schon?
Lest oder singt sie oder bringt Aufnahmen mit.
Welches ist euer Lieblingslied?

Zu Texten und Gedichten schreiben und malen

Seite 68–71

Heilige Nacht

Malt zu dieser Geschichte einen Wandfries.
Gut eignen sich Wasserfarben oder Ölkreiden. Besprecht, wie viele Szenen der Geschichte gemalt werden können. Teilt dazu die einzelnen Bilder auf. Wenn ihr fertig seid, hängt sie an einem geeigneten Platz in der richtigen Reihenfolge auf.
Schreibt unter die Bilder jeweils einen Satz, der den Inhalt beschreibt, so:

Der Mann ging von Haus zu Haus. –
Der Mann kam zur schlafenden Schafherde. – …

Seite 130/131

Das fliegende Klassenzimmer

Gestalte für den Film ein Filmplakat.
Überlege vorher, was auf dem Plakat stehen muss:
Titel des Films, Namen der Schauspieler (die kannst du auch erfinden) …

Seite 26, 34, 49, 64, 72/73, 80/81, 115, 117, 158/159

Gedichte stecken voller Bilder

Suche dir ein Gedicht aus, zu dem du malen möchtest.
Du kannst das Gedicht auch abschreiben oder drucken.
Nimm dir Farben, die zum Gedicht passen, und male Strophe für Strophe.

Kap. 2: Was alles braucht's zum Paradies
Kap. 3: September
Kap. 4: Über die Erde
Kap. 6: Ein Morgen, an dem frischer Schnee fällt, Weihnachten, Es tickt die Zeit
Kap. 7: Dort wo die Welt aufhört, Abendlied
Kap. 10: Er ist's, Lob des Frühlings, Die Sternenaugen
Kap. 14: Blauer Schmetterling, Sommertage, So im Schatten liegen möcht ich

Gedichte vortragen

VORTRAG

Gedichte auswendig lernen

In diesem Buch gibt es viele Gedichte. Suche dir zwei oder drei aus, die dir besonders gut gefallen. Lerne sie mit einem Partnerkind auswendig. Wie lernt ihr am liebsten? Wie am besten?

Zeile 1: *gegenseitig abhören, zusammen sprechen, rhythmisch sprechen*

Zeile 1 und 2, dann Zeile 1 und 2 und 3: *immer weiter genau so üben*

Sprecht euch die Gedichte auf verschiedene Art und Weise vor:
laut – leise, l a n g s a m e r oder *schneller*.
Macht an manchen Stellen kürzere oder längere Pausen.
Achtet darauf, dass ihr ruhig und besonders deutlich sprecht.
Überlegt euch, wie das Gedicht am besten klingt.

Welche Gedichte kennt ihr noch?
In der Bücherei könnt ihr schöne Gedichtsammlungen finden.

Seite 59

VORTRAG

Die Lorelei

Diese Ballade erzählt eine Geschichte. Lerne sie auswendig.
Für den Vortrag kannst du dich als Erzählerin/Erzähler verkleiden.
Suche dir einen guten Platz für deinen Vortrag aus.

Seite 72, 96, 97

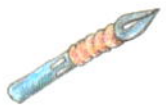

Gedichte in neuer Reihenfolge

Lass die Gedichtzeilen in einer anderen Reihenfolge klingen. Schreibe dazu das Gedicht ab, und zwar jede Textzeile auf einen extra Papierstreifen. Jetzt kannst du verschiedene Reihenfolgen ausprobieren. Sprich dabei leise mit. Welche Reihenfolge magst du lieber?

Weihnachten

still erleuchtet jedes Haus | bis hinaus ins freie Feld

Probiere es auch mit anderen Gedichten, zum Beispiel aus Kapitel 13: Was ist Liebe?, Ich will dich heut nicht sehen.

Gedichte selber schreiben

Seite 12

Ein Satz, den man so schreibt …

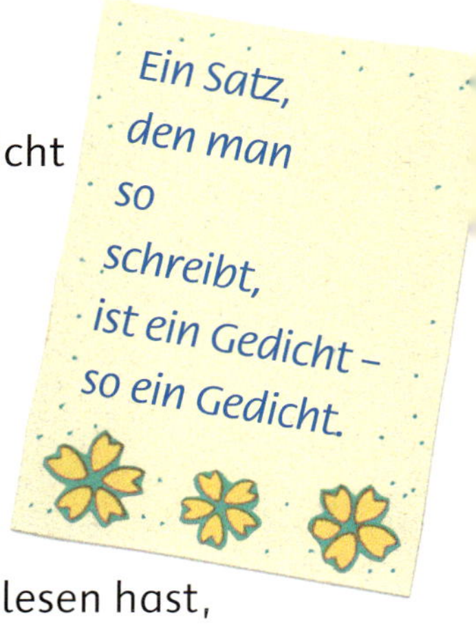

Findest du auch, dass der Satz am Schluss wie ein Gedicht klingt? Versuche herauszufinden, warum das so ist. Lies den Satz mehrmals halblaut vor dich hin.

Wo machst du Pausen? Welche Wörter betonst du? Merkst du, dass sich durch die andere Schreibweise der Rhythmus des Satzes verändert hat?

Suche dir aus einer Geschichte, die du in letzter Zeit gelesen hast, einen langen Satz, der dir gut gefällt. Schreibe ihn zuerst hintereinander als Satz auf. Versuche dann andere Schreibweisen:
Wenn an einer Stelle eine Pause sein soll, beginne eine neue Zeile.
Schreibe Wörter, die du besonders hervorheben willst, alleine in eine Zeile.

Suche dir ein Bild, das dir besonders gut gefällt. Schreibe einen Satz dazu. Probiere verschiedene Schreibweisen aus.

Seite 34–37, 64–73, 114–117 156–159

Herbst, Winter, Frühling und Sommer

Die Jahreszeiten eignen sich gut, um ein **Haiku** selber zu schreiben. Ein Haiku ist eine kurze Gedichtform, die aus Japan stammt. Dafür gelten folgende Schreibregeln:

Drei Zeilen mit

_ _ _ _ _ 5 Silben
_ _ _ _ _ _ _ 7 Silben
_ _ _ _ _ 5 Silben

In den Haikus geht es um die Natur, die Elemente (Feuer, Erde, Wasser, Luft) und die Jahreszeiten. Hier zwei Beispiele:

Bruder Ahorn

Ich lege mein Ohr
an den Ahorn, fast hör ich
es schlagen, sein Herz.

Schneekristall

Ein Schneekristall lag
mir auf der Hand, ewig schön
eine Sekunde.

Josef Guggenmos

Gedichte selber schreiben

Seite 47

Ganz neue Fische

Schreibe selbst ein Gedicht mit neuen „Tieren“. Es müssen nicht unbedingt Fische sein.

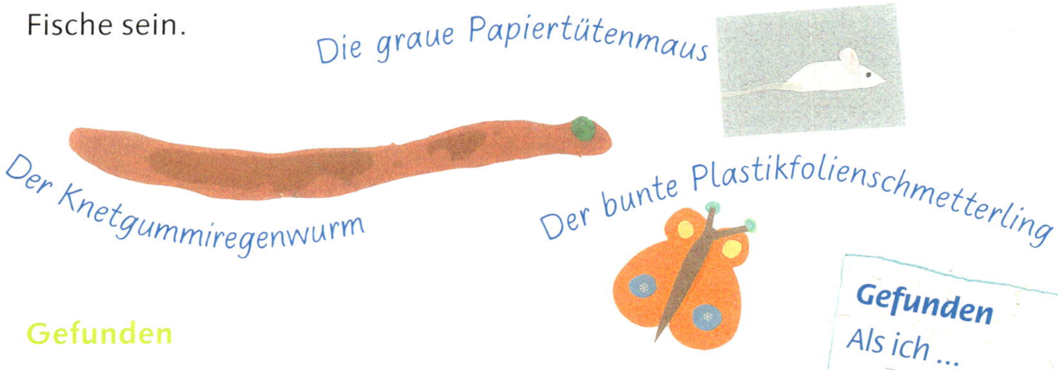

Seite 115

Gefunden

Übertrage dieses Gedicht in eine kleine Geschichte.
Male Bilder dazu.

Seite 148

Staune

Schreibe immer zwei Zeilen des Gedichts als einen Satz auf.
Die Überschrift musst du mit verwenden.
Die zweite Strophe ist ein einziger Satz.
Achte auf die richtige Großschreibung.
Vergleiche deinen geschriebenen Text mit dem Gedicht.
Hat der Dichter die Punkte vergessen? Was meinst du?

Seite 148

Ein Nasenhuhn

Erfinde weitere Strophen für das Gedicht.
Du kannst auch zu neuen Tieren Gedichte schreiben.

Das Schnabelhuhn

Ein Nasenbär

Seite 159

So im Schatten liegen möchte ich

Schreibe weitere Strophen zu diesem Gedicht.
Achte dabei auf die erste Zeile jeder Strophe.

Inhaltsverzeichnis

Märchenhafte Welten

Winter

TW Textwerkstatt
☆ Gedicht
♪ Lied

Verfasser- und Quellenverzeichnis

104 **Aesop:** Was du tust, wirst du erleiden! Aus: Der Ochse und das Harfenspiel. Fabeln aus aller Welt. Berlin: Verlag Neues Leben 1974

105 Die kleinen und die großen Fische. Aus: Äsop, nacherzählt von Rudolf Hagelstange. Ravensburg: Otto Maier Verlag o. J.

142 **Aggrey, James:** Vom Adler, der nicht fliegen wollte. Wuppertal: Peter Hammer Verlag GmbH 2003. Mit Bildern von Wolf Erlbruch

11 **Anton, Martin:** Eine schöne Geschichte. Aus: Hans-Joachim Gelberg (Hg.): Was für ein Glück. 9. Jahrbuch der Kinderliteratur. Weinheim/Basel: Beltz Verlag 1993, Programm Beltz und Gelberg

49 **Auer, Martin:** Über die Erde. Aus: Hans-Joachim Gelberg (Hg.): Überall und neben dir. Weinheim/Basel: Beltz Verlag 1986, Programm Beltz & Gelberg

19 **Auer, Martin:** Und wenn sie nicht gestorben sind ... (gek.). Aus: Hans-Joachim Gelberg (Hg.): Was für ein Glück. 9. Jahrbuch der Kinderliteratur. Weinheim/Basel: Beltz Verlag 1993, Programm Beltz & Gelberg

53 **Ausländer, Rose:** Ein Märchen. Es war einmal.

116 Frühling. Aus: Mutterland, Einverständnis. Gedichte. Frankfurt/M.: Fischer 1982

6 **Biermann, Franziska:** Herr Fuchs mag Bücher. Hamburg: Rowohlt 1990

156 **Björk, Christina:** Linnéa und die Seerosen-Bilder des Malers Claude Monet (Auszug). Aus: Linnéa im Garten des Malers. München. Bertelsmann Verlag 1987. Mit einem Foto von Christina Björk (S. 157 oben)

37 **Bolliger, Max:** Wer hat den Schwalben. Aus: Max Bolliger: Hinter den sieben Bergen. Dreimal dreizehn Kindergedichte. Würzburg: Echter Verlag 1995

56 Georg und der Drache (gekürzt). Aus: Mein erstes Vorlesebuch der schönsten Legenden. Ravensburg: Ravensburger Buchverlag Otto Maier 1990

46 **Bongs, Rolf:** Hochwasser. Aus: Ich sah, dass die Bäume zu gehen begannen. Düsseldorf: Claassen Verlag 1984

26 **Borchers, Elisabeth:** Was alles braucht's zum Paradies? Aus: Hans-Joachim Gelberg (Hg.): Was für ein Glück. 9. Jahrbuch der Kinderliteratur. Weinheim/Basel: Beltz Verlag 1993, Programm Beltz und Gelberg

96 **Braem, Harald:** Was ist Liebe? Aus: Hans-Joachim Gelberg (Hg.): Oder die Entdeckung der Welt. 10. Jahrbuch der Kinderliteratur. Weinheim/Basel: Beltz Verlag 1997, Programm Beltz & Gelberg

98 **Brender, Irmela:** Julias anderer Tag. Aus: Ja-Buch für Kinder. Weinheim/Basel: Beltz Verlag 1974, Programm Beltz & Gelberg

158 **Bulla, Hans Georg:** Sommertage. Aus: Kindheit und Kreide. Gedichte. Frankfurt a. M.: Suhrkamp 1986

38 **Cherry, Lynne:** Der große Kapokbaum. Eine Geschichte aus dem Regenwald (gek.). München: Ars Edition 1991. Mit Bildern von der Autorin

81 **Claudius, Matthias:** Abendlied (Auszug). Aus: Sämtliche Werke. München: Winkler Verlag 1968

72 **Eichendorff, Joseph von:** Weihnachten. Aus: Werner Bergengruen (Hg.): Joseph Freiherr von Eichendorff. Gedichte – Ahnung und Gegenwart. Manesse Verlag o. J.

105 **Ehret, Angelika:** Die Entdeckung der Welt. Aus: Hans-Joachim Gelberg (Hg.):Oder die Entdeckung der Welt. 10. Jahrbuch der Kinderliteratur. Weinheim/Basel: Beltz Verlag 1997, Programm Beltz & Gelberg

106 **Ende, Michael:** Die Kaulquappe. Aus: Das Schnurpsenbuch. Stuttgart: Thienemann Verlag 1979

118 Ophelias Schattentheater (Textauszug). Stuttgart: Thienemanns Verlag 1988. Mit Bildern von Friedrich Hechelmann

149 **Engbring, Britta:** Was ich mir so denke. Aus: Anders – Geschichten vom Fremdsein. © 2003 Edition Schmitz

64 **Fritz, Walter Helmut:** Ein Morgen, an dem frischer Schnee fällt. Aus: Bild und Zeichen. Hamburg: Claassen 1958

80 **Fröhlich, Roswitha:** Dort, wo die Welt aufhört. Aus: Hans-Joachim Gelberg (Hg.): Die Erde ist mein Haus. 8. Jahrbuch der Kinderliteratur. Weinheim/Basel: Beltz Verlag 1988, Programm Beltz & Gelberg

48 **Fuchs, Günter Bruno:** Hier hast du einen Regentropfen... Aus: Werke, 3 Bde., Bd. 2, Gedichte und kleine Prosa. München: Carl Hanser Verlag 1992

14 **Fühmann, Franz:** Am Schneesee. Aus: Die dampfenden Hälse der Pferde. Berlin: KinderbuchVerlag 1978

160 **Funke, Cornelia:** Violetta (Auszug, neue Überschrift). Aus: Der geheimnisvolle Ritter Namenlos. Frankfurt am Main: Fischer Taschenbuch Verlag GmbH 2001. Mit Bildern von Kerstin Meyer

169 Der Herr der Diebe (Auszug). Hamburg: Cecilie Dressler Verlag 2000

115 **Goethe, Johann Wolfgang v.:** Gefunden. Johann Wolfgang Goethe 1813

109 **Grindley, Sally:** Nach dem großen Sturm (Textauszug). Hamburg: Carlsen Verlag 1995. Mit einem Bild von Michael Foremann

47 **Grosche, Erwin:** Ganz neue Fische. Aus: Der Badewannenkapitän. München: dtv 2002

26 **Guggenmos, Josef:** Ich geh durch das Dorf. Aus: Hans-Joachim Gelberg (Hg.): Was für ein Glück. 9. Jahrbuch der Kinderliteratur. Weinheim/Basel: Beltz Verlag 1993, Programm Beltz und Gelberg

65, 184 Schneekristall. Aus: Hans-Joachim Gelberg (Hg.): Überall und neben dir. Weinheim/Basel:Beltz Verlag 1986, Programm Beltz & Gelberg

184 Bruder Ahorn. Aus: Hans-Joachim Gelberg (Hg.): Geh und spiel mit den Riesen. Weinheim/Basel:Beltz Verlag 1971, Programm Beltz & Gelberg

57 Die Weiber zu Weinsberg (gekürzt). Aus: Hausbuch Deutscher Sagen und Schwänke. Stuttgart: Ueberreuter Verlag 1972. © Josef Guggenmos

95 **Günther, Herbert:** Als Konrad zum ersten Mal verliebt war (Auszug aus: Die Erde hat eine Anziehungskraft). Aus: Oder die Entdeckung der Welt. 10. Jahrbuch der Kinderliteratur. Weinheim/Basel: Beltz Verlag 1997, Programm Beltz & Gelberg

74 **Haddon, Marc:** Das Meer der Ruhe (Auszug). Hildesheim: Gerstenberg Verlag 1998. Mit Bildern von Christian Birmingham

146 **Härtling, Peter:** Das ist der Hirbel. Aus: Das war der Hirbel. Weinheim/Basel: Beltz Verlag 2002, 7. Auflage, Programm Beltz & Gelberg

136 **Harranth, Wolf:** Computer-Gedicht. Aus: Hans-Joachim Gelberg (Hg.): Was für ein Glück. 9. Jahrbuch der Kinderliteratur. Weinheim/Basel: Beltz Verlag 1993, Programm Beltz & Gelberg

65 **Hausmann, Mannfred:** Japanische Lyrik. Zürich, Hamburg: Arche Verlag 1999

59 **Heine, Heinrich:** Die Lorelei. Aus: Großes Deutsches Liederbuch. Die schönsten und beliebtesten deutschen Volks- und Kinderlieder, ausgewählt von Monika Koster. Köln: Naumann & Göbel Verlag 1984

34 **Hesse, Hermann:** September.

158 Blauer Schmetterling. Aus: Gesammelte Werke, Bd. 1. Frankfurt/M.: Suhrkamp Verlag 1987

16 **Hetmann, Frederik:** Geschichte von dem Jungen, der keine Geschichte kannte. Aus: Weißes Pferd – schwarzer Berg. Weinheim/Basel: Beltz Verlag 1971, Programm Beltz & Gelberg

58 **Heymann, Helma:** Hab und Gut macht Übermut. Aus: O so dumm – Usedom. Berlin: Verlag Junge Welt 1986

67 **Hoffmann, Klaus W. :** Marias Schlaflied für das Jesuskind. Ein Weihnachtslied zum Singen und Begleiten. Dortmund: Aktive Verlagsgesellschaft mbH o. J.

28 **Hohler, Franz:** Die blaue Amsel. Aus: Hans-Joachim Gelberg (Hg.): Was für ein Glück. 9. Jahrbuch der Kinderliteratur. Weinheim/Basel: Beltz Verlag 1991, Programm Beltz & Gelberg

13 **Jandl, Ernst:** Immer höher. Aus: Hans-Joachim Gelberg (Hg.):Großer Ozean. Gedichte für alle. Weinheim/Basel: Beltz Verlag 2000, Programm Beltz & Gelberg

50 **Janisch, Heinz:** Till Eulenspiegel bäckt Eulen und Meerkatzen. Aus: Till Eulenspiegel. Nacherzählt von H. Janisch. München: Neugebauer Verlag 1990. Mit einem Bild von Lisbeth Zwerger

96 **Jepsen, Peter:** Dieses kleine Gedicht. Aus: Oder die Entdeckung der Welt. 10. Jahrbuch der Kinderliteratur. Weinheim/Basel: Beltz Verlag 1997, Programm Beltz & Gelberg

134 **Jörg, Sabine:** Computer-Miri. Aus: Oder die Entdeckung der Welt. 10. Jahrbuch der Kinderliteratur. Weinheim/Basel: Beltz Verlag 1997, Programm Beltz & Gelberg

73 **Kästner, Erich:** Es tickt die Zeit. Strophe aus dem Gedicht „Der dreizehnte Monat". Aus: Die 13 Monate. Zürich: Atrium Verlag 1955

132 Das fliegende Klassenzimmer. Hamburg: Cecilie Dressler Verlag o. J. 158. Auflage. Erstmals erschienen 1933 bei Perthes (DVA), Stuttgart/Berlin. Mit Bildern von Walter Trier

10 **Kant, Uwe:** Die Geschichten liegen doch auf der Straße. Aus: Oder die Entdeckung der Welt. 10. Jahrbuch der Kinderliteratur. Weinheim/Basel: Beltz Verlag 1997, Programm Beltz & Gelberg

34 **Kirsten, Rudolf:** Das Blatt. Aus: Hundertfünf Fabeln. Zürich: Logos Verlag 1960

82 **Klare, Margaret:** Heute Nacht ist viel passiert (Auszug). Weinheim/Basel: Beltz Verlag 1989, Programm Beltz & Gelberg

66 **König, Olivia:** Weihnachtszeit in Polen. Aus: Heike Gödecke-Brose: Überall ist Weihnachten. Stuttgart: Lentz Verlag 1979

68 **Lagerlöf, Selma:** Heilige Nacht (gek.). Aus: Geschichten zur Weihnachtszeit. München: Nymphenburger Verlagsanstalt 1967

43 **Lame Deer:** Das Ganze der Natur. Aus: Rudolf Kaiser (Hg.): Geh mit leisen Schritten. Indianische Wegweisungen. München: Kösel Verlag 1994

120 **Landa, Norbert und Thomas:** Kalif Storch – Ein altes Märchen aus dem Orient. Aus: Kinder machen Theater. Freiburg/Br.: Christophorus Verlag 1993

36 **Lesaffre, Guilhem:** Der große Vogelzug der Kraniche (gek., überarbeitet). Aus: Zugvögel. München: Knesebeck Verlag 2003

102 **Lindemann, Werner:** Das Frühlingserwachen. Aus: Ein Laubfrosch wandert. Berlin: Der Kinderbuchverlag 1984. Mit Bildern von Rolf Felix Müller

117 Die Sternenaugen. Aus: Gedanken sind Kinder der Stille. Schwerin: Demmler Verlag o.J.

158 Wasseramsel. Aus: Drispeter Bauernhaus. Berlin: Kinderbuchverlag o. J.

97 **Lins, Bernhard:** Ich will dich heut nicht sehen. Aus: Hans-Joachim Gelberg (Hg.): Oder die Entdeckung der Welt. Beltz Verlag 1997, Programm Beltz & Gelberg

48 **Lorca, Federico Garcia:** Wasser, wohin gehst du? Aus: Gedichte. Frankfurt: Insel Verlag 1998

44 **Lucht, Irmgard:** Waldsterben – was ist das? Aus: Die Wald-Uhr. München: Ellermann Verlag 2003

97 **Maiwald, Peter:** Jule Popp. Aus: Hans-Joachim Gelberg (Hg.): Oder die Entdeckung der Welt. Weinheim/Basel: Beltz Verlag 1997, Programm Beltz & Gelberg

127 **Manz, Hans:** Prinz Mutig. Aus: Vom Maulaufreißen und Um-Die-Ecken-Gucken. Zürich: Nagel & Kimche 1993

116 **Maurer, Georg:** Großstadtfrühling. Aus: Dreistrophenkalender. Halle: Mitteldeutscher Verlag 1965

81 **Meerbaum-Eisinger, Selma:** Schlaflied. Aus: Ich bin in Sehnsucht eingehüllt. Gedichte. Hg. v. Jürgen Serke. Frankfurt/M.: Fischer Taschenbuch 1984

140 **Meyer-Kahrweg, Dorothee:** Reifenpanne – kein Problem. (Titel geändert, gek.).

141 Welches Rad passt zu dir? Aus: Mein Fahrradbuch. Falken Ratgeber für Kinder. Niederhausen im Taunus: Falken Verlag 1996. Mit Illustrationen von CV & L/Kurt Dittrich

22 **Moeyaert, Bart:** Afrika hinter dem Zaun (gek.). Hamburg: Carlsen Verlag 1999. Mit Bildern von Anna Höglund

115 **Mörike, Eduard:** Er ist's. Aus: H. G. Göpfert (Hg.): Gesammelte Werke. München: Hanser Verlag 1958

43 **Momaday, N. Scott:** Freudengesang des Tasoai-Tallee. Aus: Rudolf Kaiser (Hg.): Geh mit leisen Schritten. Indianische Wegweisungen. München: Kösel Verlag 1994

159 **Moser, Erwin:** So im Schatten liegen möcht ich. Aus: Hans-Joachim Gelberg (Hg.):Großer Ozean. Gedichte für alle. Weinheim/Basel: Beltz Verlag 2000, Programm Beltz & Gelberg

106 **Neuburger, Kurt:** Wie schlug das Herz mir ... Aus: Wer füttert im Winter die Fliege im Bernstein. Hans-Joachim Gelberg: Überall und neben dir. Weinheim/Basel: Beltz Verlag 1977, Programm Beltz & Gelberg

100 Nöstlinger, Christine: Rosalinde hat Gedanken im Kopf (Auszug, gek.). Hamburg: Oetinger Verlag 1981

154 **Pludra, Benno:** Fortgehn nach Istanbul. Aus: Hans-Joachim Gelberg (Hg.): Was für ein Glück. 9. Jahrbuch der Kinderliteratur. Weinheim/Basel: Beltz Verlag 1993, Programm Beltz & Gelberg

12 **Popa, Vasko:** Warum fragt man nicht den Apfelbaum. Aus: Hans-Joachim Gelberg (Hg.):Großer Ozean. Gedichte für alle. Weinheim/Basel: Beltz Verlag 2000, Programm Beltz & Gelberg

98 **Reuter, Bjarne:** Küss die Sterne (Auszug). Frankfurt/M.: Sauerländer Verlag 1987

84 Reuter, Elisabeth (Text und Bilder): Judith und Lisa (Auszug). München: Ellermann Verlag 1988.

150 **Rowling, Joanne K.:** Zaubertrankunterricht (Auszug, neue Überschrift). Aus: Harry Potter und der Stein der Weisen. Übersetzt von Klaus Fritz. Hamburg: Carlsen Verlag 1998

28 **Sabah, Elisabeth:** Schwarz-weiß-braun. Aus: Anders – Geschichten vom Fremdsein. © Edition Schmitz 2003

48 **Saint-Exupéry, Antoine de:** Der kleine Prinz und das Wasser. Aus: Der kleine Prinz. Düsseldorf: Karl Rauch Verlag o.J. Mit einer Illustration vom Autor

33 **Salzen, Claudia von:** Ihr habt Rechte! Aus: Der Tagesspiegel vom 14.09.2002. Berlin: Der Tagesspiegel Verlag

8 **Schami, Rafik:** Von der Macht des Erzählens. Aus: Erzähler der Nacht. Weinheim/Basel: Beltz Verlag 1989, Programm Beltz & Gelberg

29 **Schnippenkoetter, Bea:** Kinder-Fragebogen. Aus: Der Tagesspiegel vom 19.01. und 13.07.2002. Berlin: Verlag Der Tagesspiegel. Foto Artemis: privat / Foto Zhang: plan international e.V., Hamburg

104 **Schnurre, Wolfdietrich:** Die Kaulquappe und der Weißfisch. Aus: Protest im Parterre. München: Langen-Müller Verlag 1957

20 **Sellier, Marie:** Sag mir, wie ist Afrika? Wuppertal: Peter Hammer Verlag 2002. Mit Bildern von Marion Lesage

149 **Siege, Nasrin:** Dialog. Aus: Silvia Bartholl (Hg.): Texte dagegen. Autorinnen und Autoren schreiben gegen Fremdenhass und Rassismus. Weinheim/Basel: Beltz Verlag 1993, Programm Beltz & Gelberg

73 **Solotareff, Grégoire:** Der Tag der wahren Entscheidungen – 2. Januar. Aus: Wintergeschichten. Hildesheim: Gerstenberg Verlag 2002

11 **Spohn, Jürgen:** Beinahegeschichte. Aus: Ach so. Ganzkurzgeschichten und Wünschelbilder. München: Bertelsmann Verlag 1982

47 Vorher, nachher. Aus: Hans-Joachim Gelberg (Hg.): Was für ein Glück. 9. Jahrbuch der Kinderliteratur. Weinheim/Basel: Beltz Verlag 1993, Programm Beltz & Gelberg

148 Ein Nasenhuhn. Aus: Hans-Joachim Gelberg (Hrsg.): Großer Ozean. Weinheim/Basel: Beltz Verlag 2000, Programm Beltz & Gelberg

88 **Stalfelt, Pernilla:** Wenn Herzen klopfen (Auszug).

90 Rezept für Liebestrank. Aus: Das Kinderbuch von der Liebe. Frankfurt/M.: Moritz Verlag 2002. Mit Bildern der Autorin

117 **Strittmatter, Erwin:** Die Ankunft der Stare. Aus: Schulzenhofer Kornkalender. Berlin: Aufbau Verlag 1967

115 **Uhland, Ludwig:** Lob des Frühlings. Aus: Ludwig Fränkel (Hg.): Werke Band 1. Leipzig/Wien: Bibliographisches Institut o.J.

148 **Ullmann, Günter:** Staune. Aus: Hans-Joachim Gelberg (Hg.): Oder die Entdeckung der Welt. Beltz Verlag 1997, Programm Beltz & Gelberg

106 **Vahle, Fredrik:** Plopp. Aus: Fredrik Vahle: Der Himmel fiel aus allen Wolken. Gedichte. Weinheim/Basel: Beltz Verlag 1994/95, Programm Beltz & Gelberg

27 **Wagner, Andrea (T) / Ferstl, Erich (M):** Komm, schau doch mal über den Gartenzaun. München: Filmkunst-Musikverlags- und Produktionsgesellschaft mbH o. J.

130 **Werner, Thomas:** Das fliegende Klassenzimmer – der Film. Aus: Info der Bundeszentrale für politische Bildung 2004 Entnommen der Internet-Seite

34 **Wilkon, Józef:** Die vier Kinder der Erde (Textauszug). Düsseldorf: Patmos 1992. Mit Bildern von Jacques Cassabois

12 **Wolf, Wenzel:** Ein Satz. Aus: Texte und Fragen. Band 3. Frankfurt/M.: Diesterweg 1977

91 **Zöller, Elisabeth:** Willst du mit mir gehen? (Überschrift geändert). Aus: Schwesternschreck und Liebeskummer. Stuttgart: Thienemann 1996

3 Hägar. © King Features Syndicate, 1973. World rights reserved

30 Leben vom Müll. Text und Bilder: Kindermissionswerk, Aachen ©1999. Entnommen der Internetseite www.kindermissionswerk.de, Stichwort Kinderarbeit

52 Wer den Duft des Essens verkauft. Schwänke und Anekdoten vom Hodscha Nasreddin. Berlin: Rütten und Loening 1966

54 Vom Großmütterchen, das alles wusste. Aus: Russische Märchen. Artia Verlag o. J.

60 Der Sonnenprinz und das Nagamädchen. Aus: Annemarie Esche (Hg.): Märchen der Völker Burmas Leipzig: Insel Verlag 1979

76 Raketen, Satelliten, Raumfahrt ins All. Aus: Grundschulinformationen Raumfahrt. Deutsches Zentrum für Luft- und Raumfahrt e.V., Juni 2003

78 Interview mit Sigmund Jähn. Ausschnitt aus der Radiosendung: Lilipuz. Sterntaler beim Mann im Mond – Das Weltall. Moderation: Martina Müller-Wallraf, WDR 5, 6.12.1992

112 Kemanata. Indianisches Märchen. Aus: Die fünfte Sonne. Prag: Artia 1976

Bildquellen

picture-alliance/dpa S. 33, 36, 46; picture-alliance/Okapia, Frankfurt a. M. S. 37, 42; akg-images, Berlin S. 59; United States Information Service, Embassy of the United States of America S. 76 o. links; ESA CNES S. 76 o. rechts (Ariane); NASA/RPIF/DLR © S. 76 u. S. 77 unten; picture-alliance/NASA S: 77 oben; ESA 2003 S. 77 Mitte (Hurricane); Astrofoto, Sörth, Bernd Koch S. 78; ullstein-bild, Berlin/ADN S. 79 links; ullstein-Reuter S. 79 rechts; Holzstich aus Camille Flammarion, L'atmosphère. Météorologie populaire, Paris 1888 S. 80; Marc Chagall: Der Krieg, 1964/66, Kunsthaus Zürich, Verein Zürcher Kunstfreunde, © VG Bild-Kunst, Bonn S. 83; Katrin Walter, Girbigsdorf/Schöpstal S 127–129; CINETEXT, Frankfurt a. M. S. 130/131; Roland Gärtner, Grund- und Hauptschule Flein mit Werkrealschule S. 138; Minkus images, Hannover S. 139; Claude Monet: Seerosen, 1918/1921. München, Neue Pinakothek, Foto Joachim Blauel, Artothek, Weilheim S. 156; picture-alliance, Perrey S. 163; Carlsen Verlag, Hamburg S. 166

Esben und Sara lieben sich.